마음을 움직이는 리더십 이야기

권영호

육군대학과 국방대학원을 졸업했다. 서울대학교 행정대학원과 영남대학교 경영대학원을 졸업하고 수원대학교 일반대학원에서 행정학 박사학위를 취득했다. 「군 지휘관의 리더십에 관한 연구」, 「한국 유도탄 방어체계 구축 대안에 관한 연구」 등 여러 편의 논문과 저서를 발표해 왔다. 보국훈장 천수장, 대통령공로표창, 미국정부 공로훈장, 대한민국 환경문화대상 등 다수의 상훈을 수여 받았다. 2008년 공군소장(방공 유도탄사령관)으로 예편한 뒤, 현재는 남서울대학교수로 재직하고 있다.
리더십에 관심을 갖게 된 것은 저자의 타고난 성품 때문이다. 그는 자신의 부드러운 성격을 살리면서 부하들을 힘 있게 이끌어 갈 방법을 고민하던 중 리더십을 연구하기 시작했다. 그사이 지휘관을 여덟 번 역임하고, 사령관의 지위까지 오르면서 "세상에서 가장 딱딱한 조직을 가장 부드럽게 끌고 가는 리더"가 되었다. 그는 무엇보다도 인성人性과 지성知性을 균형均衡 있게 갖춘 "기본"을 강조한다. 기본을 무시할 때 리더는 "리더답지 못한 리더, 단지 탐욕과 어리석음에 사로잡힌 존재"로 변해버린다는 그의 지적은 현재의 리더들과 미래의 리더를 꿈꾸는 젊은이들 모두 반드시 기억해야 할 메시지다.

마음을 움직이는 리더십 이야기

2014년 3월 5일 개정판 1쇄 발행
2015년 9월 1일 개정판 2쇄 발행
2019년 5월 5일 개정판 3쇄 발행

지은이 | 권영호
펴낸이 | 이찬규
펴낸곳 | 북코리아
등록 | 제03-01240호
주소 | 경기도 성남시 중원구 사기막골로 45번길 14
우림2차 A동 1007호
전화 | 02-704-7840
팩스 | 02-704-7848
이메일 | sunhaksa@korea.com
홈페이지 | www.북코리아.kr
ISBN 978-89-6324-356-6 03320

값 13,000원

마음을 움직이는

리더십 이야기

Leadership Story for The Young

권영호 지음

북코리아

프롤로그

리더는 늘 자신에 대해 질문하는 사람

제가 리더십에 관심을 가진 건 꽤 오래 전의 일입니다. 아마 처음 지휘관으로 발령을 받고 나서였던 것 같습니다. 보통 사람이 생각하는 군인의 이미지처럼 태생적으로 강한 성격의 소유자였다면 아마도 리더십에 대해 별 관심을 두지 않았을지도 모릅니다. 그런데 제 성격은 강한 쪽보다는 부드러운 쪽이었습니다. 요즘에는 타고난 성격에 관계없이 '부드러운 카리스마'를 구현하는 것이 모든 리더십의 지향점이 되었습니다만, 이전에는 '강한 것이 바람직한 리더십'으로 여겨지던 시절이 있었습니다. 아마도 초임 지휘관으로서의 제 고민은 태생적으로 부드러운 성격을 살리면서도 부대원들을 힘 있게 이끌어 갈 수 있는 방법이 없을까에 대한 것이었다고 기억합니다. 그 후 혼자 관련 서적을 탐독하며 연구도 하고 대학원에 진학해 석 · 박사 과정을 밟으며 정식 학문으로 리더십을 공부하기도 했습니다. 그렇게 많은 시간이 흐르는 동안 저는 여덟 번의 지휘관 생활을 경험했고, 또 사령관 자리까지 오르게 되었습니다. 군에는 이런 말이 있습니다.

"불량한 지휘관은 있어도 불량한 부대는 없다."

그만큼 군은 다른 어떤 조직보다도 리더의 능력 여하에 따라 극적으로 달라질 수 있는 조직입니다. 갖가지 사고가 연속적으로 발생하면서 금방이라도 무너질 것처럼 보이던 부대가 새 지휘관이 부임한지 채 6개월도 되지 않아 의욕이 넘치는 부대로 변모하는 모습을 여러 번 목격할 수 있었습니다. 그러면서 리더십에 대한 제 관심은 더 깊어갔고 그에 따른 세세한 생각들을 놓치지 않고 꾸준히 기록해 왔습니다. 이 책은 그 기록들을 꺼내 앞으로 각 분야의 리더를 꿈꾸는 젊은이들에게 보내는 편지 형식으로 정리한 것입니다.

꽤 오랜 기간을 군 지휘관과 대학교수로 살아오면서 부하들과 학생들에게 늘 100점짜리 리더였다고 말할 자신은 없습니다. 그러나 리더란 무엇이며 어떤 사람이어야 하는가에 대해서 늘 질문하는 사람이었고, 부족하지만 더 나은 리더가 되려고 노력했던 사람이라는 평가는 듣고 싶습니다. 이 책을 접하는 젊은이들도 리더가 되었을 때 자신에 대해 늘 질문하고, 가장 기본적인 것을 존중하며 사는 사람이 되길 바랍니다.

2008년 초판 1쇄를 낸 후 6년 만에 개정판 1쇄를 내고, 개정판 2쇄에 이어 이번에 다시 개정판 3쇄를 내게 되었습니다. 본서 초판이 발간된 후 저자의 예측을 뛰어 넘어 많은 분들로부터 용기와 힘이 되어 주는 격려와 매우 과분한 평을 받아 왔습니다.

저자는 당시 공군 현역 장군의 신분에서 지금은 대학교수로서 학생들에게 리더십을 강의하고 있습니다. 그래서 개정판에서는 학부과정 학생들에게 초점을 맞추어 앞으로 각 분야의 리더로 성장해 가는 과정에서 리더로서의 기본을 갖추는 데 도움이 될 만한 내용으로 재정리하였습니다.

끝으로 군대와 대학교를 통해 만나 오랜 기간 저의 성장과

발전을 도와주었던 선배님과 동료, 후배, 학생들 그리고 책이 나오기까지 애써주신 많은 분들께 머리 숙여 감사의 예를 갖추고 싶습니다.

대학 연구실에서

저자 권영호

차례

1부 사랑을 실천하라

2부 마음을 움직여라

3부 따뜻한 가슴을 가져라

리더를 꿈꾸는 젊은이에게

리더가 제일 먼저 할 일은

현실을 파악하고 정의를 내리는 것입니다.

마지막으로 할 일은

고맙다는 말을 하는 것입니다.

리더가 그 중간에 해야 할 일은

섬기는 것입니다.

1부

사랑을 실천하라

01

섬기는 리더가 돼라

"너희 중에 누구든지 으뜸이 되고자 하는 자는 모든 사람의 종이 되어야 하리라." 이 말씀은 성경의 마가복음 10장에 나와 있는 구절입니다.

리더가 되고자 하는 자는 구성원들의 종이 되어 봉사해야 한다는, 언뜻 듣기에는 모순적인 원칙처럼 보입니다. "섬기는 리더십"은 종교적 컬러를 갖고 탄생했다고 볼 수 있으나 리더의 가장 중요한 실천 덕목으로 우리는 이를 주목해 볼 필요가 있습니다.

미국의 로버트 그린리프Robert K. Greenleaf는 헤르만 헤세의 저서 『동방 순례』에서 착안해 "섬기는 리더십(Servant Leadership)" 이론을 개발하였습니다.

그 소설에는 순례자 세 명의 여행에 동행한 하인 레오가 나옵니다. 레오는 여행 시 허드렛일을 도맡아 했지요. 어느 날 갑자기 레오가 사라지자 그들은 혼란에 빠져 여행을 중단하는 사태에 이르렀는데 이때서야 순례자들은 레오가 하인이 아니라 하인 모습을 한 리더였음을 깨닫게 됩니다. 실제로 그는 유명한 종교단체의 정신적 지도자였지요.

진정한 리더십이란 지위나 힘을 이용해 원하지 않는 타인에게 자신의 의지를 관철하는 능력이 아니라 자신의 영향력에 의해 다른 사람들이 기꺼이 자신의 의도대로 행동하도록 유도하는 기술이라고 정의할 수 있습니다.

권력에 의지하는 리더십이 성행하는 조직은 단기적으로 조직의 목표를 달성할 수 있을지 모르지만 내부적인 불만의 누적으로 항상 균열과 와해의 위험이 내포되어 있습니다.

리더가 타인의 자발적인 기여를 확보하는 기술, 즉 권위를 높이기 위한 핵심요소는 구성원에 대한 봉사와 희생이며 이는 사랑으로 실천되어야 합니다. “사랑”이란 감정을 뜻하는 명사적인 의미가 아니라 타인을 향한 행위를 뜻하는 동사적 의미의 사랑을 말하는 것이지요.

즉 봉사자로서의 리더는 이타주의, 용서, 존중, 인내, 친절, 겸손, 정직, 헌신 등을 통해 구성원들을 사랑해야 한다는 것입니다.

다시 말해 리더는 문제를 감정적으로 해결하려 해서는 안되며 역지사지易地思之의 입장에서 구성원의 욕구를 적극적으로 경청하고 적절한 방법으로 인정과 격려의 뜻을 표해야 하며 진실하고 가식이 없어야 합니다.

또한 타인을 소중한 존재로 대하고 자기가 이끄는 사람들의 성공에 대해 지대한 관심을 갖고 자신이 대접받고자 하는 방식으로 구성원들을 대해야 합니다.

섬기는 리더십은 리더십의 개성과 스타일 또는 카리스마에 관한 것이라기보다는 우리가 끊임없이 성숙시키고 계발해야 하는 인성의 문제라는 점을 잘 인식해야 합니다.

필자가 재직 중인 대학교에서는 “인성과 지성을 겸비한 섬기는 리더 양성”을 교육이념으로 설정하여 그들이 사회에 진출

한 후 인류 사랑을 실천할 수 있도록 봉사활동을 의무화하는 등 다양한 방법으로 교육하고 있습니다.

예수님이 제자들의 발을 씻겨주시고, 오기吳起 장군이 부하 등창의 고름을 입으로 빨아준 것처럼 리더가 구성원들에게 사랑을 실천하는 봉사자가 될 때 진정한 21세기형 리더가 될 것이며 인류사회도 아름다운 사랑으로 충만하게 될 것임을 명심하기 바랍니다.

02

내게 목숨을 바칠 수 있는 부하는

지구에 온 화성인에게 각 나라 사람들이 한마디씩 질문을 했습니다. 프랑스인은 "화성에도 애인이 있습니까?"라고 물었고, 미국인은 "화성에도 변호사가 있나요?"라고 물었습니다. 늘 자기 나라에 대한 평판 하나하나에 신경 쓰는 일본인은 "화성인은 우리 일본사람을 어떻게 보고 있습니까?"라고 물었지요. 반면에 중국인은 "화성에 중국인이 얼마나 살고 있습니까?"라고 물었답니다.

여러분이 그 자리에 있었다면 어떤 질문을 던졌을까요? 저라면 “화성에는 진정한 리더가 있나요?”라고 물었을 것 같습니다. 요즘 들어 우리나라의 지도자상이 인격은 보지 않고 능력 위주로만 쏠리고 있다는 생각이 듭니다. 언제부턴가 능력만 있으면 그 사람의 인격적 허물이야 충분히 눈감아줄 수 있다는 생각이 주류를 이루고 있지요. 즉, 지장智將은 있어도 덕장德將은 없는 시대인 것 같습니다. 무한경쟁이 가속화되면서 ‘실용주의형 인간’이 가장 이상적인 인간형으로 인식되고 있기 때문이지요. 그러나 ‘덕’을 바탕으로 하지 않는 실용주의형 인간은 결국 폭탄과 같은 존재가 됩니다.

『논어』에 이런 말이 있습니다.

“술잔이 술잔답지 않으면 술잔일까?”

그 시대에는 제사를 올릴 때 반드시 모가 난 술잔을 써야 했습니다. 모가 나지 않은 술잔은 제사에 쓸 수 없으니 술잔이 아니라는 뜻입니다. 이 말의 진정한 속뜻은 “사람이 사람답지 않으면 사람일까?”를 묻기 위해서입니다. 곧, 사람이란 사람다운 인격을 갖추어야 하는데 그런 인격을 갖추지 못했다면 사람일 수 없다는 뜻입니다. 아마 우리가 이러한 질문 속에서 살아갈 수 있다면 굳이 리더십에 대한 교육은 필요 없을 것입니다.

사람다운 사람 속에서는 리더다운 리더가 나올 수밖에 없으니까요.

그러나 현실은 전혀 그렇지 않지요. 리더가 되기 위해 '사람다움'을 먼저 갖추겠다고 생각하는 사람은 거의 없습니다. 게다가 요즘 들어 리더의 유효기간이 점점 짧아지고 있는 것은 무슨 이유에서일까요? 기대를 한 몸에 받던 리더들이 비난을 받으며 퇴장하는 일이 잦아지고 있습니다. 능력이 부족해서가 아닙니다. 인격의 토대 없이 쌓아올린 능력은 사상누각沙上樓閣과 같습니다. 순간의 유혹을 통제하지 못해 저지른 한 번의 실수가 그토록 힘겹게 쌓아온 능력과 경력을 물거품으로 만들어버립니다.

그럼에도 요즘 사람들이 인격을 쌓는 데 관심조차 없는 건 왜일까요? 학교에서는 성적만 관심이 있고, 사회에서는 좋은 직장만 구하면 그만이라는 분위기가 팽배해 있기 때문입니다. 경쟁에서 이기는 데 몰두한 나머지 인격 쌓는 일은 도덕책에나 나오는 고리타분한 것으로 생각하여, 자신의 인품이 부족하다는 것조차 인식하지 못하고 있습니다. 그러나 인격 쌓기는 평생을 바쳐도 아깝지 않을 만큼 중요한 덕목입니다.

현대 성공학의 아버지라 불리는 벤저민 프랭클린Benjamin Franklin은 평생 '덕德'을 가장 소중한 가치로 여기고 실현하기 위해 많은 시간을 바쳤습니다. 그리고 그는 100달러 지폐에 등장할 만큼 미국 역사에 기록될 만한 부와 성공을 얻었습니다. 그는 '덕'을 추구하는 과정에서 많은 깨달음을 얻었고, 그 깨달음은 부와 성공의 원천이 되었습니다. 헬라어에서 '덕'은 '집을 세운다'는 의미라고 합니다. '덕'은 단지 '선善'의 의미가 아닙니다. 무언가를 세운다는 의미를 가지고 있으며, 유혹에 빠지지 않고 시험에 들지 않는 다는 뜻입니다. 그것은 결국 '스스로를 다스리는 능력'이며, 스스로를 다스릴 수 있어야만 자신이 원하는 삶을 살 수 있습니다.

평생 군인으로 살아온 제게 '덕'이란 말은 왠지 어울리지 않는다고요? 그렇지 않습니다. 자신에게 목숨을 바칠 부하가 한명이라도 있다면 그 군인은 내일 죽어도 세상에서 가장 행복한 사람입니다. 그리고 그런 리더가 된다는 것은 남다른 덕과 인격 없이는 불가능할 것입니다.

"내게 부족한 것은 실력이 아니라 덕이 아닐까?"

지금은 스스로에게 이런 질문을 던져볼 때입니다.

03

모른다고 말할 수 있는 위대함

몇 해 전 우리나라의 어느 리더십 연구소에서 손자 손녀가 있는 60대 이상의 노인들을 대상으로 설문 조사를 했습니다.

"여러분의 손자 손녀에게 인생을 살아가면서 가장 중시해야 할 행동원칙 한 가지를 권한다면 어느 것을 고르시겠습니까?"

이 질문의 응답자 중 약 80퍼센트가 정직을 택했습니다. 우리 눈에는 정직한 사람이 늘 손해보는 바보처럼 보일지도 모릅니다. 그렇지만 한평생을 살아본 노인들은 보는 눈이 다릅니다. 정직한 사람이야말로 인생을 행복하게 마무리할 수 있다는 것을 체험을 통해 알고 있기 때문입니다.

리더가 갖추어야 할 인격적 요소 중 으뜸을 꼽으라면 단연 정직입니다. 정직은 크게 보면 자신과 타인의 양심을 만족시키는 행동원칙이라고 할 수 있으며, 자기 안으로 향하는 내면적인 정직과 타인을 향한 외향적인 정직으로 나눌 수 있습니다. 내면적인 정직을 이룬 사람은 성인聖人이 되고, 외향적인 정직을 이룬 사람은 군자君子가 되겠지요. 항상 여러 사람을 이끄는 리더에게는 내면적 정직도 중요하지만 외향적 정직도 필요합니다. 리더는 모르는 사실을 모른다고 말하고, 자신의 약점을 인정할 줄 알아야 합니다.

정직과 용기는 한 쌍입니다. 용기가 없는 사람은 가벼운 일상에서는 솔직할 수 있을지 몰라도 중요한 순간에는 결코 솔직한 행동을 취하지 못하기 때문이지요. 저는 여러 부대의 지휘관으로 근무하는 동안 솔직하지 못한 장교들을 많이 보았습니다. 그들 역시 수백 명의 장병들을 거느리고 있는 리더인데도 자신이 확신하지 못하는 사안에 대해 정직하게 '모른다'고 인정하지 못했습니다. 한마디로 용기가 없었습니다. 그들은 '모른다'는 한마디 말이 필요한 자리에 갖가지 엉뚱한 이야기들을 늘어놓곤 했습니다.

부끄럽지만 저 역시 그런 경우가 있었습니다. '모른다'고 말할 수 있는 사람은 진정 위대한 사람입니다. 순간의 부끄러움을 극복할 수 있는 '용기'라는 재산을 가진 사람이기 때문입니다.

진솔함에 대해서는 오프라 윈프리Oprah Winfrey를 닮을 필요가 있습니다. 그녀는 흑인, 사생아, 미혼모, 가난, 성폭행 경험, 100킬로그램이 넘는 비대한 몸 등 어느 하나 내세울 것 없는 처지였지만 지금은 미국에서 가장 영향력 있고 존경받는 사람이 되었습니다. 그녀의 비결은 특별한 게 아니었습니다. 자신의 아픈 과거를 털어놓아 다른 이들의 마음을 열게 하는 진솔함이 그녀의 가장 큰 무기였습니다.

훌륭한 리더는 끊임없이 아랫사람들과 정서적인 교감을 유지해야 합니다. 그런데 그 정서적인 교감이란 그들의 신상명세서 따위를 수십 번 읽는다고 이룰 수 있는 성질의 것이 아니지요. 그것은 진솔한 대화를 통해 서로의 마음속에 담겨 있는 내적 요소들을 '공감'해야 이루어질 수 있습니다. 진솔함은 공감으로 향하는 가장 좋은 통로입니다.

정직과 비슷한 의미로 사용되는 말 중에 '공정', '공명정대'라는 말이 있습니다. 진솔함이 사적 영역에서 정직을 재는 가장 큰 요소라고 한다면, 공명정대함은 공적인 자리에서 정직을 재는 가장 중요한 요소지요. 리더는 모든 일을 처리할 때 공명정대해야 합니다.

다 아는 이야기라고요? 그러나 이것들을 지키기는 무엇보다 어렵습니다. 왜냐하면 사람은 지극히 '주관적인 존재'이기 때문이지요. 그래서 리더는 자신의 '주관'에 대해 늘 경계하고 긴장해야 합니다.

04

교만이라는 바이러스

조선 시대 최고의 재상으로 꼽히는 맹사성孟思誠이 스무 살의 젊은 나이에 경기도 파주 군수로 부임했을 때의 일이지요. 부임 초의 어느 날 맹사성은 의욕에 넘쳐 고을의 한 노승을 찾아가 물었습니다.

"이 고을을 다스리는 사람으로서 제가 최고로 삼아야 할 것이 무엇입니까?"

그에 대해 노승은 다음과 같이 대답했습니다.

"악한 일은 절대로 하지 말고 늘 선한 일만 하십시오."

맹사성은 스님의 대답에 어이가 없었지요. 세 살 먹은 어린아이라도 알고 있을 당연한 이야기를 천연덕스럽게 말하는 노승에게 그는 "그런 것이라면 삼척동자도 다 아는 일이 아닙니까?"라고 소리치며 자리를 박차고 일어나려 했어요.

노승은 지그시 웃으며 그런 맹사성을 붙잡고 차라도 한 잔 하고 가라며 차를 따르기 시작합니다. 그런데 노승은 찻잔이 넘쳐흐르는데도 계속 차를 따르는 것이었어요. 맹사성은 깜짝 놀라 소리쳤습니다.

"아니, 스님! 차가 넘치고 있지 않습니까!"

노승은 그제야 엄한 표정으로 맹사성을 꾸짖었습니다.

"찻물이 넘쳐 바닥을 적시는 것은 아시면서 어찌 자신의 지식이 넘쳐 인품을 망치는 것은 모르신단 말입니까!"

이런 말이 있습니다.

"남자의 3대 불행은 초년 출세, 중년 상처, 말년 가난이다."

뒤에 두 가지야 그렇다 치고 왜 초년 출세가 불행인지 의아할 수 있습니다. 뭐든지 빨라야 인정받는 세상인데 한 살이라도 적을 때 돈과 명예를 얻는 게 낫지 그게 왜 불행이냐고 되물을 수 있습니다. 그러나 이른 나이에 많은 것을 얻다 보면 사람은 교만해집니다. 그릇에 넘치게 되지요. 요즘만 그런 게 아니지요. 조선 시대 때도 그랬던 겁니다.

어린 나이에 관직에 올라 승승장구하고 있던 맹사성은 딱 그런 경우였습니다. 패기와 자신감은 하늘을 찌르고도 남았지만 그에 걸맞은 인격이 부족했고, 노승은 그런 맹사성에게 자신을 낮추는 법을 가르치고자 했던 것입니다.

세상에는 돈이든 능력이든 자신의 그릇에 비해 넘치게 가진 사람들이 많지요. 돈이 쌓이고, 능력이 쌓여 지위가 올라가면 그에 어울리게끔 인격의 그릇을 키워야 하는데 그건 노력해야 이룰 수 있지 저절로 되는 게 아니거든요. 오히려 그들은 자기의 그릇에 넘치는 능력과 권위를 자랑스레 여기기도 하지요.

사실 리더라는 위치는 늘 교만해질 수 있는 위험에 노출되어 있습니다. 인간에게 교만이 얼마나 무서운가 하면 눈도 막고 귀도 막아버리거든요. 교만은 인간에게 현명한 판단을 상실시켜버리는 악마의 기술을 가지고 있습니다. 나중에 자신이 교만에서 벗어났을 때 돌이켜보면 도대체 왜 그랬는지 이해할 수 없는 판단을 많이 하게 됩니다. 감염되어서는 안 되는 강력한 바이러스지요.

리더는 교만이라는 바이러스가 침투하지 못하게 틈을 주지 말아야 합니다. 이름이 두 배 알려지면 네 배 겸손해지고, 지위가 두 배 올라가면 여섯 배 겸손해지자는 다짐을 날마다 새겨보세요. 아마도 그 바이러스는 침투할 틈새를 찾지 못할 것입니다.

05

원수는 물에 새겨라

두 사람이 사막을 걸어가고 있었습니다. 그런데 여행 중에 문제가 생겨 둘은 서로 다투게 되었습니다. 언쟁이 격해지자 한 사람이 다른 이의 뺨을 때렸습니다. 뺨을 맞은 사람은 기분이 나빴지만 아무 말도 하지 않았습니다. 대신에 그는 모래에 이렇게 적었습니다.

"오늘 나의 가장 친한 친구가 내 뺨을 때렸다."

그들은 오아시스가 나올 때까지 말없이 걸었습니다. 마침내 둘은 오아시스에 도착했습니다. 두 친구는 그곳에 잠시 머

물러 목욕을 하기로 했습니다. 먼저 뺨을 맞았던 사람이 목욕을 하러 들어가려다 늪에 빠지고 말았습니다. 그때 뺨을 때렸던 친구가 그를 구해주었습니다. 늪에서 빠져나왔을 때 그는 이번에는 돌에 이렇게 썼습니다.

"오늘 나의 가장 친한 친구가 내 생명을 구해주었다."

그를 때렸고, 또 구해준 친구가 의아해서 물었습니다.

"내가 너를 때렸을 때는 모래에다가 적었는데, 왜 너를 구해준 후에는 돌에다가 적었지?"

친구는 대답했습니다.

"누군가 우리를 괴롭혔을 때 우리는 모래에 그 사실을 적어야 해. 용서의 바람이 불어와 그것을 지워버릴 수 있도록. 반대로 누군가가 우리에게 좋은 일을 했을 때는 그 사실을 돌에 기록해야 해. 그래야 바람이 불어와도 영원히 지워지지 않을 테니까."

탈무드에 나오는 이야기입니다. 당신이 혹시 리더의 자리에 있다면 아랫사람 중 특별히 당신의 눈에 거슬리는 행동을 하거나 치명적인 실수로 모두에게 손실을 안겨준 사람도 있을 것이고, 예기치 않게 당신에게 큰 이익을 가져다준 고마운 사람도 있을 것입니다. 사람은 망각의 동물이라고 하지만 사실 사람의 기억력은 의외로 집요한 데가 있습니다. 또한 타인에게 도움을 받은 기억은 쉽게 잊다가도, 남이 자신에게 상처를 준 기억은 오랫동안 기억하고 마음에 담아둡니다. 그게 사람입니다.

하지만 리더는 달라야 합니다. 리더가 자신이 상처 입은 안 좋은 기억에 오랫동안 사로잡혀 있으면 판단이 흐려져 힘을 마음대로 사용하고 일을 그르칠 수 있기 때문이죠. 또한 아랫사람의 공적을 쉽게 잊어버려서도 안 되고요. 그래서 리더는 탈무드에 나오는 사람처럼 해야 합니다. 당신에게 상처 준 일들은 물에 새기고, 고마웠던 일들은 돌에 새겨야 합니다.

"원수는 물에 새기고, 은혜는 돌에 새겨라."

저는 이 말을 지휘관으로 살아오는 동안 매일 한 번씩 생각하려고 애를 썼습니다. 효과가 있었습니다. 아랫사람에 대한 나쁜 기억은 물처럼 사라지고, 그냥 놔두면 쉽게 잊히는 아랫사람의 공은 오래오래 기억하게 되었습니다. 이 말 한마디가 아랫사람에 대한 저의 기억을 긍정적으로 다루는 마법의 주문이 되었답니다.

리더를 꿈꾸는 젊은이에게

용서는 단지 나에게 상처를 준 사람들을
받아들이는 것만을 의미하지 않습니다.
그것은 그들을 향한 미움과 원망의 마음에서
스스로를 놓아주는 일입니다.
그러므로 용서는 자기 자신에게 베푸는
가장 큰 자비이자 사랑입니다.

06

자기희생이 필요한 순간

요즘 사람들은 '희생'이라는 말을 참 싫어합니다. 자신과는 상관없는 말, 심지어는 짜증나는 말로 생각하고 있습니다. 그러나 저는 생각이 다릅니다. 인간의 삶에서 얼마만큼의 희생은 필연적이라고 보기 때문입니다.

이유를 묻고 싶다고요? 그것은 인간이란 존재의 불완전성 때문이라고 답하겠습니다. 인간의 행위에는 산술적 법칙이 적용되지 않습니다. 이를테면 인간은 일정한 양의 휘발유를 넣으면 정해진 만큼의 거리를 달릴 수 있는 자동차가 아니라는 거죠. 누군가는 자신에게 주어진 사회적 소임을 해내는 데 실패하기도 하고, 누군가는 자신에게 주어진 것 이상의 권리를 필요로 하지요.

간혹 몇몇 이상주의자들은 역할이나 권리란 한정된 유형有形의 재화가 아니기 때문에 필요한 만큼 모두 누릴 수 있다고 말합니다. 하지만 눈에 보이는 재화뿐만 아니라 한 사회에서 필요로 하는 개인들의 역할과 개인에게 용인되는 권리의 양도 한정적이기 때문에 반드시 누군가의 희생을 필요로 한다는 것이 희생에 대한 제 생각입니다. 모자라는 대로, 넘치는 대로 방치해둔다면 사회는 모양이 어긋난 바퀴를 달고 가는 수레처럼 우리가 원하지 않은 방향으로 굴러갈 것입니다.

인간이 불완전하기 때문에, 인간이 만들어낸 조직 역시 근원적으로 불완전할 수밖에 없습니다. 그래서 등장한 리더십 이론 중 하나가 '자기희생적 리더십'이지요. 인간은 합리적인 판단을 하고자 노력하지만 개개인의 역량에 따라 정도의 차이가 있고, 이러한 인간들이 만들어낸 조직 역시 정도의 차이는 있겠지만 늘 불완전하게 마련입니다. 결국 피할 수 없는 불완전성 속에서 조직이 목표하는 바를 완성하려면 누군가는 구멍 난

퍼즐을 채워줘야 하고, 누군가는 서로 충돌되는 부분에서 제 살 깎기를 감수해야 합니다.

리더 중에는 언제든지 “모든 책임은 내가 진다”며 호언장담하는 리더의 유형이 있습니다. 그러나 현실은 그리 호락호락하지 않지요. 기한에 쫓기는 업무를 하느라 리더 혼자서 365일 계속 쉬지 않고 일을 할 수도 없는 것이고, 손해가 날 때마다 리더의 월급만 삭감한다면 일이 효율적으로 돌아가지 않겠지요. 결국 많은 시행착오 끝에 인간이 내린 결론은 ‘평등한 희생’입니다. 희생의 불가피성 앞에서 모두가 손해 보지 않고 납득할 수 있는 방법은 고른 역할분담뿐이기 때문이지요.

하지만 우리는 곧 아무리 합리적인 사람이 나선다 해도, 희생을 100퍼센트 평등하게 분배할 수는 없다는 난관에 봉착합니다. 그 난관은 바로 ‘누가 먼저 희생할 것인가’이지요. “매도 먼저 맞는 것이 낫다”라는 속담은 모두가 반드시 매를 맞아야 한다는 전제가 성립했을 때의 이야기입니다. 내가 이 조직에서 뼈를 묻을 것이라는 확신이 없다면 먼저 매를 맞는 것이 현명한 판단은 아니겠지요.

리더의 힘은 이때 발휘됩니다. 아무도 선뜻 나서지 못하고 서로 눈치만 보고 있을 때 먼저 나서서 희생하는 사람이 있다면 구성원들은 그를 얼마나 대단하게 생각할까요? 불가피한 희생이 요구될 때 본本을 보일 수 있는 능력은 리더가 반드시 갖추어야 할 요소입니다.

'먼저'라는 말에는 두 글자 이상의 큰 의미가 있습니다. 장작을 가진 한 젊은이와 난로가 등장하는 우화가 있지요. 추운 겨울이 찾아오자 젊은이는 추위를 피해 따뜻한 곳을 찾아다니던 중 난로를 만나게 되었습니다. 젊은이는 난로에게 다가가 말했습니다.

"난로야, 네가 내게 열을 주면 내가 가진 장작을 너에게 줄게."

젊은이는 그렇게 말하고는 난로가 먼저 열을 줄 때까지 기다리다가, 결국 싸늘한 난로 곁에서 얼어 죽고 말았다는 이야기죠.

자신이 가진 것을 상대방에게 먼저 주지 못하는 어리석음이 그를 망친 것은 분명합니다. 너무 단순한 이야기지만 사실 현실에서 보는 우리의 모습과 많이 닮아 있습니다. 결과적으로 보면 누구든 먼저 희생을 감수하는 것이 그 사람은 물론이고 모두에게 이익을 줄 수 있습니다. 그러나 막상 자신이 먼저 무언가를 준다는 것은 웬만큼 이타적이고 너그러운 사람이 아니고선 하기 힘든 일이지요.

리더의 자기희생에 대한 올바른 의미는 '혼자서 희생하는 것'이 아니라 '먼저 희생하는 것'입니다. 위기 상황에 직면했을 때 구성원들은 직감적으로 모두의 희생이 불가피하다는 것을 알게 되지요. 구성원들이 자기희생에 대한 불안과 공황에 빠져 있을 때 리더가 먼저 나서서 그 몫을 다한다면 구성원들 역시 용감하게 당면한 위기를 극복할 수 있을 것입니다.

번지점프를 할 때도 그렇습니다. 마음을 다잡고 용감하게 뛰어내렸을 경우와 두려움에 떨다 반강제적으로 뛰어내렸을 경우에 받는 충격의 차이는 말로 표현할 수 없을 만큼 엄청나게 다르답니다.

리더를 꿈꾸는 젊은이에게

가장 귀중한 사람의 가치는

희생과 헌신입니다.

07

책임의 의미를 다시 생각하라

2008년 2월 10일 새벽, 믿을 수 없는 일이 눈앞에서 벌어졌습니다. 대한민국의 국보 제1호인 숭례문이 시뻘건 불길에 휩싸여 무너져 내린 것입니다. 날이 밝자 많은 시민들이 참사의 현장에 지나가던 발걸음을 멈추고 사라진 국보를 애도했지요. 하루 종일 각지에서 모인 애도객의 발길은 끊이지 않았지만 정작 그날 오후에 열린 기자회견에서 나온 이야기들은 한심하기 짝이 없었습니다. 기자들이 정말 국보 1호의 소실을 안타깝게 여겼다면 문제 해결 방안이 가장 궁금했어야 합니다. 그러나 그들은 당장의 기삿거리에 눈이 멀어 당시 출장 중이었던 문화재청장의 도덕성을 깎아 내리기에 급급했고, 문제해결보다는 "책임지고 사퇴할 의향은 없느냐"라는 식의 신변적인 질문만 쏟아냈습니다. 기가 막히는 노릇이었지요. 그들이 정말 '책임'이라는 단어를 알고 있을까 하는 의문마저 들었습니다. "사직하는 게 맞지만 이 문제에 대한 정비가 먼저"라며 사퇴 의사가 당장엔 없음을 밝혔던 문화재청장도 결국 빗발치는 비난에 못이겨 사직서를 제출하고 말았습니다.

일주일도 지나지 않아 문화재청장의 일은 사람들의 뇌리에서 잊혔습니다. 그 상황을 지켜보며 저는 답답한 마음이 들었습니다. 진정한 리더란 사람들이 물러나라고 하니까 그냥 물러나버리는 것으로 모든 책임을 마무리하는 게 아니라 맨몸으로 질책을 받아내면서 잘못을 바로잡은 후 물러나는 것이 더 큰 책임감의 표현이라고 생각했기 때문입니다.

물론 이런 일이 계속 생길 수밖에 없는 이유가 있습니다. 많은 사람들이 책임이라는 단어의 의미를 너무 좁게 생각하고 있는 까닭이지요. 국어사전에서는 책임을 크게 두 가지 측면으로 나누어서 설명하고 있습니다.

책임責任

① 맡아서 해야 할 일이나 임무, 의무

② 어떤 일에 관련되어 그 결과에 대하여 지는 의무나 부담. 또는 그 결과로 받는 제재

'책임을 지다'라는 말이 있습니다. 여기서 '책임'은 어떤 뜻으로 쓰였을까요? 물론 단어란 것이 상황에 따라 의미가 달라지는 것이지만, 어떤 상황을 생각하더라도 두 가지 뜻 모두 적용될 수 있고, 또 두 가지 뜻이 모두 적용되어야 마땅합니다.

예를 들어 잘못에 대해 책임을 진다고 하면 ②에서 말한 대로 당사자는 그 결과로 인한 불이익이나 제재를 감수해야 하고, ①에서 말한 대로 맡아서 해야 할 일이나 임무(이 경우에는 잘못을 바로잡는 일) 역시 수행해야 합니다. 하지만 수많은 리더들이 너무나 쉽게 책임이라는 말을 ②에만 국한시켜 생각하고 말하고 행동합니다. 그러니 우리는 모두 책임이란 정말 그것뿐인 것처럼 잘못 받아들이게 된 것 같습니다.

이는 대한민국에서 리더로서 살아가는 많은 사람들이 공통적으로 저지르는 잘못이기도 합니다. 당당하게 모든 책임을 자기가 지겠다고 말하는 리더들에게서 진정 '책임'의 본질적인 모습을 볼 수가 없으니까요.

로저 마틴Roger Martin의 『책임감 중독』이란 책에서 재미있는 이론을 발견했습니다. '책임감 보존의 법칙'이라고 명명된 이 이론은 일정 기간 동안 두 사람 사이에 발생하는 책임의 균형 작용에 관한 이론입니다. 쉽게 말하자면 어떤 상황에서건 인간 관계에서 두 사람이 맡은 책임의 양은 정해져 있다는 것이지요. 즉, 같은 상황에서 책임 과잉 상태에 있는 사람이 추가로 지는 책임의 양과 책임 회피 상태에 있는 사람이 더는 책임의 양은 동등하며, 이 둘이 합쳐져서 서로 상쇄된다는 이론입니다.

이 이론에 의하면 한 사람이 과도하게 책임을 떠맡으면 다른 한 사람은 상대적으로 책임을 회피하게 됩니다. 저는 지휘관으로 겪어온 그간의 경험을 떠올리며 이 이론에 고개를 끄덕였습니다. 책임감 보존이란 이 이론에서 가정한 것처럼, 오랫동안 이어진 두 사람의 관계가 아니더라도 우리 일상생활의 모든 관계에 적용될 수 있습니다. 특히 조직에서 리더와 구성원들 사이에는 책임감 보존의 법칙이 절묘하게 적용됩니다.

많은 리더들이 조직 안에서 모든 것을 혼자 책임지려 합니다. '책임' 역시 상급자가 가지는 하나의 특권으로 오해하기 때문이지요. 하지만 리더가 과도한 책임을 지면 나머지 구성원들은 상대적으로 책임감 결핍에 빠질 수밖에 없습니다. 결국 리더의 과도한 책임의식이 조직 내부의 도전정신과 의욕을 떨어뜨리는 역효과를 낳을 수도 있습니다.

좋은 리더십은 자신에게 주어진 책임을 다하면서도 구성원들에게 부족하지 않게 책임을 위임하는 겁니다. 구성원들에게 적절히 주어진 책임은 그들의 행위에 동기를 부여하고, 그들을 매너리즘에 빠지지 않게 만드는 각성제가 될 수 있거든요. 물론 한쪽으로 치우치지 않도록 균형점을 잡아주는 게 리더로서 가장 어려운 일이겠죠. 그 균형점이 잘 들어맞는다면 최고의 리더십이 구현되는 것이고요. 아무튼 리더십이란 늘 연구해도 현실에서 실행해보면 한 번에 답이 딱 나오지 않는 만만치 않은 질문입니다.

리더를 꿈꾸는 젊은이에게

좋은 리더십은

자신에게 주어진 책임을 다하면서도

구성원들에게 부족하지 않게

책임을 위임하는 것입니다.

08

당장의 이익보다 소중한 것

과학자 뉴턴은 흥미로운 말을 남겼습니다.

"내가 사회에 기여한 것이 있다면 그것은 참을성 있는 생각 때문이다."

저는 그 말이 재미있어 한번 바꿔보았습니다.

"내가 군에 기여한 것이 있다면 그것은 참을성 있는 생각 때문이다."

몇 해 전 세계적 베스트셀러였던 『마시멜로 이야기』에서 흥미로운 실험을 보았습니다. 스탠포드 대학에서 네다섯 살 난

아이들 600명을 대상으로 욕망과 인내를 실험했습니다. 연구자들은 우선 방에 아이를 혼자 있게 하고 마시멜로 하나를 주고는 아이에게 15분간 마시멜로를 먹지 않고 참으면 하나를 더 준다는 약속을 했습니다. 아이들은 달콤하고 먹음직스런 마시멜로를 보는 순간 입에 침이 고였지요. 아무도 없는 방 안에서 아이들은 나름대로 마시멜로를 먹지 않기 위해 최선의 노력을 다했습니다. 어떤 아이는 마시멜로를 만지작거리고, 어떤 아이는 혀로 핥아보고, 어떤 아이는 노래를 부르며 방 안을 뛰어다니고, 어떤 아이는 아예 눈을 감고 '하나, 둘' 숫자를 세기도 했습니다.

결국 많은 아이들이 참지 못하고 마시멜로를 먹어버렸지요. 연구자들은 10년 후 15분을 기다린 아이와 기다리지 못한 아이의 10년간 성장 과정을 비교·연구했습니다. 그 결과 15분을 참았던 아이들은 그렇지 못한 아이들에 비해 학업성적이 뛰어났고, 교우관계도 훨씬 원만하고 스트레스도 효과적으로 관리하고 있었습니다. 겨우 15분의 시간이 두 집단의 향후 성장 과정을 예측할 수 있는 큰 척도가 된 것이지요.

리더에게는 더 큰 만족과 더 큰 이익을 위해 단기적인 시련을 견뎌내고 당장의 욕구 충족을 거절할 수 있는 의지가 필요합니다. 이것이 바로 인내입니다. 아무리 철저하게 대비한다고 해도 누구에게나 위기는 찾아오게 마련이지요. 그러나 그 위기의 순간이 오면 평소에는 보이지 않던 달콤한 마시멜로들이 당신에게 타협의 손길을 내밀 것입니다. 남몰래 불법적인 방법을 사용하거나 손쉬운 편법으로 적법한 절차를 깨트리고 싶은 욕망에 사로잡힐 수도 있습니다. 하지만 비록 당장의 시련이 아프고 괴롭더라도 눈앞의 탈출구에 연연해하는 우憂를 범해선 안 됩니다. 리더에게는 더 먼 곳에 자리 잡고 있는 목표를 위해서 당장에 마주친 가시밭길을 인내하며 걸어갈 수 있는 내면의 힘이 필요합니다.

당신이 아무리 멋진 비전과 꿈을 가지고 있더라도 위기의 상황에서 참고 기다리며 정도正道를 걷지 못하고 근시안적인 이익만을 좇아 행동한다면 구성원들 역시 대의명분을 잊고 자신의 이익만을 추구할 것입니다. 만약 회사가 갑작스런 경영난에 허덕인다면 그 직원들은 제때 받지 못한 월급 때문에 불법적으로 회사의 자금을 빼돌리는 일까지 서슴지 않을 것입니다. 반면 우리는 위기에 빠진 회사를 구하기 위해 직원들이 몇 개월씩이나 무임금을 감수하고 불철주야로 애쓰는 이야기도 심심치 않게 들을 수 있습니다. 그러한 회사들은 모두 구성원들이 그들의 리더를 믿고 함께 인내하겠다는 자세를 갖고 있기 때문이죠.

언젠가 아내와 함께 일일연속극을 본 일이 있었습니다. 아, 제목이 생각났습니다. 〈미우나 고우나〉였어요. 극중에 연적관계에 있던 한 남자가 남자 주인공에게 이런 말을 했습니다.

"강백호 씨! 그래서 당신이 아마추어란 거야!"

이 말을 들은 남자 주인공은 그 자리에서는 화를 내지만 돌아서서는 프로와 아마추어의 차이가 무엇인지 고민합니다. 저도 잠시 그 주인공과 함께 생각해보았습니다. 저는 그 차이가 "인내심"이라고 생각합니다. 보통 우리는 프로와 아마추어의 차이가 단지 기량과 숙련도의 차이라고 생각할 수 있습니다. 그러나 프로와 아마추어의 대결에서 아마추어가 한두 번 승리했다고 해서 그를 프로라고 부를 수는 없습니다. 왜냐하면 프로를 판별하는 가장 중요한 척도는 '얼마나 꾸준하게 좋은 성적을 낼 수 있는가'이기 때문이지요. 아마 추어는 위기나 슬럼프의 순간에서 쉽게 무너져버립니다. 그들은 인내하는 법을 체득하지 못했기 때문이지요.

공자의 제자 중에 자장子張이라는 사람이 있었습니다. 하루는 공자로부터 '참는 것'의 중요성에 대해 배우고 난 후 왜 참아야 하는가에 대해 공자에게 질문했어요. 공자는 이렇게 대답했습니다.

"천자가 참으면 나라가 평화롭고, 관리가 참으면 벼슬에 오르고, 형제가 참으면 집안이 부귀영화를 누리고, 부부가 참으면 백년해로하고, 친구가 참으면 우정이 계속되고, 내가 참으면 화를 면하게 된다."

제가 평소에 지키려고 노력하는 것을 공자님 말씀에 한마디 더 추가해봅니다.

"순간을 참으면 하루가 즐겁고, 하루를 참으면 1년이 평안해진다."

리더를 꿈꾸는 젊은이에게

인생이란 게임은 능숙한 사람이 이기는 것이 아니라
오히려 서툴지만 목숨 걸고 열심히 하는 사람이
이기게 되어 있습니다.
부족함이 노력을 가져오고
끈기 있는 노력이 곧 성공을 가져오기 때문입니다.

09

권위를 버리고 얻을 것

리더에게는 다양한 능력이 필요합니다. 평범함만으로는 많은 사람을 이끌어갈 수 없겠지요. 리더는 정치력을 갖춰야 하며, 경제적 지식도 풍부해야 하고, 성공적인 인간관계를 위한 심리학적 요소를 꿰뚫고 있어야 합니다. 또한, 문화적 · 예술적 소양도 어느 정도 있어야 하고, 한두 가지 스포츠도 할 줄 알아야 합니다. 말 그대로 최고의 리더는 인간이 가질 수 있는 능력의 종합선물세트라고 할 수 있겠지요.

나보다 앞선 사람들을 보면 한없이 부러우면서도 막상 만나보면 부담스럽고 이질감을 느끼는 게 인지상정입니다. 그들의 완벽함에 내 부족함이 오버랩 되어 쉽사리 그들에게 다가설 수 없기 때문이지요. 하지만 부담스런 첫인상에도 불구하고 그들이 최고의 리더가 될 수 있었던 건 겉모습과는 다른 인간적인 면모가 그들에게 있었기 때문이지요.

사람들은 항상 노출되어 있는 정보보다 예외적으로 발휘되는 정보에 더 민감하게 반응합니다. 예를 들면 늘 바보 같고 무능해 보이던 이가 어느 날 갑자기 어떤 일을 성공적으로 해내면 사람들은 두 배로 놀라게 됩니다. 같은 맥락으로 너무나 완벽해서 차가워 보이기까지 하는 사람이 순간의 빈틈을 보인다든지, 당신의 실수에 동네 아저씨 같은 푸근한 미소를 짓는다면 당신에게 그의 이미지는 완벽하게 반전되어 저장됩니다.

군 조직 내에서도 신임 장교에게 장관급 지휘관은 부담스럽고 다가서기 힘든 존재입니다. 지휘관으로 근무하다 보면 우리 부대로 배속받은 신임 장교들과 면담을 하게 될 때가 많습니다. 면담이라고는 해도 가벼운 티타임일 뿐입니다. 그런데도 신임 장교들은 지휘관 앞이기에 상당히 긴장합니다. 제 인상이나 행동이 권위적이지 않다 해도 지휘관이라는 자리가 첫

대면에서 그들에게 위화감을 준 것이 분명하지요.

그때마다 저는 이런 방법을 써보았습니다. 잠깐 앉아서 기다리라고 한 뒤, 절친한 지기에게 전화를 거는 것입니다. 죽마고우와 허물없이 대화를 나누는 저를 보며 몇몇은 "풉" 하고 외마디 웃음을 터뜨리기도 하고, 몇몇은 표정이 한결 편안해지고 밝아지더군요. 저도 그들과 다름없이 웃고 떠들며 살아간다는 것이 그들의 긴장을 풀어주고 지휘관인 저와의 관계에서 윤활유가 되는 것이지요.

지금 당신과 마주하고 있는 그 사람이 무엇을 가장 마음 쓰고 있는지를 먼저 헤아려주세요. 그것이야말로 리더십의 첫 걸음입니다.

리더를 꿈꾸는 젊은이에게

물처럼 산다는 것은 쉬운 일이 아닙니다.
공을 세워서 자랑하려 하고
남들 위에 군림하려 하는 것이 상식처럼 되어버린 세상입니다.
하지만 결국에는 알게 될 것입니다.
군림하려 하면 넘어질 것이고 자랑하려 하면
그 공은 오래가지 못한다는 사실을 말입니다.

10

감정의 수도꼭지를 점검하라

2007년 4월 미국 버지니아 공대에서 총기 난사 사건이 있었지요. 저는 그 사건 피해자들의 장례식 분위기를 지금도 인상적으로 기억합니다. 분위기가 아주 침착하고 차분했지요. 만약 우리나라 같았으면 피해자 가족의 오열과 분노가 장례식장에 가득 찼을 것입니다. 가해자를 향해 비난과 욕설을 쏟아내고, 몇몇 가족은 서로를 붙잡고 통곡하는 장례식장의 분위기가 미국에서도 연출되지 않을까 예측하고 있었습니다. 하지만 달랐습니다. 피해자들의 가족은 분노와 원통함으로 망자를 애도하는 대신 서로를 조용히 끌어안은 채 어깨를 들썩이며 슬픔을 가슴속에 묻는 모습을 보여주었습니다. 언론 매체와 인터뷰를 하면서도 오히려 가해자를 감싸고 용서하는, 우리나라에서는 상상하기 어려운 모습을 보여주었습니다.

우리나라 사람들은 정이 많다고들 합니다. 정이 많아서 눈물도 많고, 정이 많아서 화도 잘 내지요. 또한 정이 많기 때문에 낯선 사람에게도 친절하게 호의를 베풀지만, 정이 많아서 사람에게 받은 상처에 쉽게 흥분하고 분노합니다. 이처럼 정이 많다는 말은 좋은 쪽으로 해석하면 감정이 풍부하다는 뜻이 되지만, 나쁜 쪽으로 생각하면 감정을 잘 절제하지 못한다는 뜻이 되기도 합니다. 그런데 부정적인 감정을 조절하지 못하는 것은 사회생활을 하는 데 큰 장애 요소가 되지요.

이렇게 한번 해봅시다. 눈을 감고 여러분이 남보다 더 높은 지위에 있는 리더가 되었다고 가정해봅시다. 그리고 앞으로 절제해야 할 감정의 우선순위를 매겨봅시다. 사람에 따라 각자 절제해야 한다고 생각하는 감정들이 달라지겠지만 저는 여러분에게 다음에 이야기할 세 가지 감정을 특별히 절제하라고 말하고 싶습니다.

첫 번째로 리더가 절제해야 할 감정은 '욕심'입니다. 욕심은 현재의 상황에 만족하지 못하고 그보다 '조금 더'를 바라는 것입니다. 어리석은 리더는 부하직원이 자신의 능력과 정성을 다해 가져온 결과를 보고 '조금만 더 잘해줬으면 좋을 텐데'라고 생각하고 부하 직원에게 진심으로 수고했다는 칭찬을 건네지 못합니다. 또한 현재 거둘 수 있는 최상의 이익을 거두고 있는데도 '조금만 더 이익을 창출할 수 있으면 좋을 텐데'라고 생각하고는 사용해서는 안 될 방법을 써서 부정한 이익을 거둬들입니다. 사실 모두가 최선을 다하고 있는 상황이라면 '조금 더'의 효과가 생길리가 없는데, 욕심 때문에 사람들은 종종 그 사실을 잊게 됩니다.

다음으로 절제해야 할 감정은 '화'입니다. 틱낫한Thich Nhat Hanh 스님은 그가 쓴 『화』라는 책에서 늘 자신의 감정을 자각하는 방법으로 화를 감싸 안아 긍정적인 에너지로 전환할 것을 당부했습니다. 틱낫한 스님은 화를 날감자에 비유했지요. 그도 그럴 것이 우리가 날고구마는 먹어도 날감자는 먹을 수 없으니까요. 화 역시 마찬가지랍니다. 우리가 감자를 먹기 위해서 냄비에 넣고 익기를 기다려야 하듯이, 화가 나는 일도 마음속에 담고 감정을 추스르는 것이 필요합니다. 당장 화가 난다고 해서 감정을 주체하지 못해 괴로워하거나 밖으로 터트리지 말고, 일단은 뚜껑을 덮고 감자가 익기를 기다리듯이 화가 나는 일을 마음에서 꺼내지 않도록 해야 합니다. 그리고 시간이 흐른 뒤 상황을 파악하여 무엇이 나를 화나게 했는지, 어째서 상대방이 내게 화를 냈는지, 나와 그 사람이 다투게 된 이유가 무엇인지를 생각해야 합니다.

마지막으로 리더가 절제해야 할 감정은 '슬픔'입니다. 인간을 감성적으로 만드는 가장 큰 요인은 바로 슬픔입니다. 극도의 슬픔은 이성적인 인간을 감정적인 존재를 넘어서 '비이성적'인, 혹은 '불합리한' 존재로 만들기도 합니다. 오랜 군 생활 동안 간혹 애인의 변심으로 인해 자살이라는 극단적인 선택을 하는 병사들을 본 적이 있습니다. 씁쓸하고 안타까운 마음이 들면서도 무엇이 그들을 그런 길로 이끌었는가를 곰곰이 생각해보았습니다. 저는 그때 그들의 절망이 애인의 변심에 대한 분노가 아니라 사랑하는 사람을 잃었다는 '슬픔'에서 비롯된 것이라는 사실을 알게 되었습니다. 슬픔의 양이 조절되지 못하는 순간 절망을 불러온다는 사실도 알게 되었습니다. 인간의 감정은 수도꼭지와 같은 것입니다. 언제나 조절이 필요하고, 또 가능해야 합니다. 리더의 자리에 있는 사람이라면 감정의 수도꼭지가 혹시 고장이 나 있는 것은 아닌지 자주 점검해야 합니다.

리더를 꿈꾸는 젊은이에게

인간의 감정은 수도꼭지와 같습니다.

언제나 조절이 필요하고,

또 가능해야 합니다.

11

끝까지 버틸 수 있는 힘

1998년의 일입니다. 러시아 정부는 "모든 외채 지불을 90일간 유예한다."는 폭탄선언을 했습니다. 말이 90일이지 실제로 언제 상환이 이루어질지 기약이 없을 만큼 러시아 경제는 공황에 빠졌지요. 사실 그 이전부터 러시아의 경제에는 위기감이 조성되고 있었습니다. 국제 금융계의 큰손 조지 소로스George Soros는 '러시아 모라토리엄Moratorium'을 경고하면서 러시아 경제가 급성장 과정에서 너무 많은 거품이 생겼음을 지적했습니다.

하지만 러시아 기업이나 글로벌 기업 모두 시장경제화된

러시아에서 처음 맞은 호황에 빠져 뒤를 돌아볼 틈이 없었습니다. 러시아 경제는 하루아침에 무너졌지요. 모든 금융 거래가 마비되고 대형 상점들은 문을 닫았습니다. 더군다나 러시아의 관행상 대부분의 기업들이 러시아에 외상으로 많은 물건들을 건네준 상태였습니다.

물건이 팔리지 않아 재고가 쌓이기 시작하고 한창 사업을 확장하던 외국 기업들은 외상으로 건네준 물건 값을 받을 길이 없었습니다. 소니와 파나소닉 등 굴지의 외국 기업들은 앞다투어 사업 규모를 축소하거나 러시아를 떠나기 시작했습니다. 더 이상 시간을 지체했다가는 더 큰 손해만 날 것이 뻔하다고 여겼기 때문이지요.

그 당시 끝까지 남은 것은 삼성과 LG, 현대 등 한국 기업뿐이었는데 그중 삼성전자가 입은 피해는 엄청났습니다. 당시 러시아 최대의 컴퓨터 판매업체인 비스트Vist 사가 삼성전자로부터 엄청난 양의 모니터를 외상으로 가져갔기 때문이었지요. 하지만 삼성전자는 어떻게든 러시아에서 남아 버티기로 결정했습니다. 러시아와 같은 거대 시장에서 지금 같은 위기를 잘 버텨낸다면 미국과 유럽의 거대 기업들과 어깨를 나란히 할 수 있는 기회가 될 수 있을 거라 믿었기 때문이지요.

삼성전자는 외상 대금을 받는 대신 비스트 사가 갖고 있던 6층짜리 사옥을 받기로 했습니다. 하지만 건물의 소유권만 넘겨받은 채 비스트 사가 다시 일어설 수 있도록 이 건물을 그대로 쓰도록 배려하면서 기다렸지요.

사실 그때는 우리나라가 IMF를 겪은 후라 삼성의 재정상태도 말이 아니었습니다. 그러나 삼성전자는 러시아 경제의 부활을 믿고 꿋꿋이 참고 기다렸습니다. 삼성전자의 믿음대로 러시아 경제는 2000년부터 살아나기 시작했습니다. 세계적인 고유가 행진에 힘입어 러시아 경제는 다시 활기를 찾았고, 모스크바의 부동산 값은 곱절이나 뛰어올랐습니다.

만약 삼성전자가 그때 비스트 사의 건물을 팔았더라면 당시 엄청난 이익을 남길 수 있었을 것입니다. 하지만 삼성전자는 비스트 사에게 당시 빌렸던 돈만을 받고 건물을 되돌려주었습니다. 두 회사 CEO는 그날 밤이 새도록 보드카 잔을 기울였습니다.

지금도 모스크바의 시내 중심가에는 삼성 갤러리 건물이 자리 잡고 있습니다. 러시아에서 브랜드 인지도 조사를 하면 항상 GM이나 소니 같은 세계적 기업을 제치고 삼성이 최고의 자리에 있는 것을 볼 수 있지요. 한 조사에 따르면 러시아 사람 열 명 중 삼성이란 브랜드를 모르는 사람은 겨우 한 명밖에 되지 않는다고 합니다. 그 이유는 바로 '끈기' 때문이지요. 러시아에서 삼성전자가 확고하게 자리 잡은 이유는 이처럼 어려운 시기에 맨 먼저 들어와 위기를 겪으면서도 끈질기게 시장을 지켰기 때문입니다.

사실상 리더가 위기와 실패를 겪으며 끈기 있게 버틴다는 것이 쉬운 일은 아닙니다. 그러나 한 성공한 벤처 경영자는 이렇게 말했습니다.

"단거리 선수는 처음 출발할 때 최고 속도를 내고 그 뒤에는 차츰 속도가 감소하는데, 이때 가장 천천히 속도가 떨어지는 사람이 마침내 승리를 거머쥡니다. 기업도 이와 비슷합니다. 사업 초기에 가장 생산적이고 기발한 아이디어가 나오는데, 이를 기반으로 끝까지 고삐를 놓지 않아야 성공할 수 있습니다. 반짝이는 순발력과 기발함에서 출발한 아이디어는 끈기가 함께하지 않으면 성공이 보장되지 않습니다."

12

나아갈 때와 멈춰 설 때

우리는 '순응'이라는 단어를 용기 없고 무력한 말이라고 생각합니다. 무언가에 맞서 싸우는 것만이 멋지고 가치 있는 일이라고 생각합니다.

젊은 시절에는 저 역시 그랬습니다. 그러나 나이가 좀 들고 보니 어쩌면 맞서 싸우는 것보다 있는 그대로 받아들이는 게 더 어려운 일일지도 모른다는 생각이 듭니다. 어느 기업인은 자신의 사업 인생을 회고하면서 이렇게 말했습니다.

"내게 가장 어려웠던 것은 막힌 부분을 풀어나가는 것이 아니라 막혀 있음을 인정하는 일이었다."

살다보면 어떻게 설명할 수도 없고 정답을 찾을 수 없는 상황이 발생합니다. 살면서 겪는 경험 중에는 '왜 하필 나한테', '어째서 이런 일이' 생겼는지 알 수 없는 일들이 많습니다. 무슨 수를 써서라도 이 난관을 극복하고 싶고, 또 그런 난관에 빠진 사람에게 어떤 도움이라도 주고 싶은데, 지금 내가 할 수 있는 일이 하나도 없다고 생각될 때 그 절망은 이루 말할 수 없지요.

『모리와 함께한 화요일』의 모리 교수는 죽음이라는 극한의 상황에서 가장 순수한 인간사의 진리를 우리에게 깨우쳐 줍니다. 또한 역사적으로도 질병이나 죽음, 가난이나 전쟁 등 받아들이기 힘든 상황을 겪으면서 오히려 마음의 평화를 찾는 사람들이 많습니다. 그것은 그들이 그러한 나쁜 상황을 겪으며 그 상황을 있는 그대로 받아들일 수 있는 순리와 법칙을 발견하고 깨달았기 때문입니다. 그것은 싸우는 것과는 또 다른 용기이며, 하나의 도전입니다.

받아들인다는 것은 포기하는 것이 아닙니다. 자신을 자유롭게 놓아주는 것입니다. 현실을 완전히 인지하여 제한된 선택에서 답을 찾으려던 상태에서 해방되는 것이지요. '순응'이란 '저항'이 '수용'으로 진화하는 과정입니다. 인생에서 언제나 파란 신호가 켜지기만을 바랄 수는 없기에 빨간 신호가 켜졌을 때 차에서 내려 뛰어가는 한이 있더라도 멈추지 않고 앞으로 나아가는 것이 도전이고 저항이라면, 파란 신호가 켜지기를 기다리며 지금은 잠시 나아갈 수 없음을 인정하는 것이 순응입니다.

리더는 나아가야 할 때와 멈춰서야 할 때를 알아야 합니다. 리더는 저항의 가치만큼 순응의 가치를 소중히 여길 줄 알아야 합니다. 아직까지 한 번도 순응의 진정한 가치를 생각해보지 않았다면 지금까지 한산한 시골길만을 걸어왔다고 봐야 합니다.

누구든지 6차선 도로가 깔린 번잡한 도심 속에 몸을 맡기는 날에는 반드시 빨간 신호와 마주서게 됩니다. 그런 날에 는 그 빨간 신호에 순응할 수 있어야 합니다. 리더의 삶이란 한적한 시골길을 걷는 일이 아니라 번잡한 도심의 한복판에 던져진 것임을 기억해야 합니다.

2부

마음을 움직여라

13

최고의 가치를 부여하라

한 의사가 아프리카의 어느 외진 마을에서 의료봉사를 하고 있었는데, 어느 날 외국에서 선진 축산기술을 배우고 돌아온 젊은 청년을 알게 되었습니다. 그 청년은 부농임에도 가난한 조국을 위해 일하겠다는 뜻을 갖고 있는 훌륭한 청년이었지요.

그 마을에는 독특한 결혼 풍습이 있었는데, 청혼을 할 때 남자가 암소를 끌고 처녀의 집에 가서 "암소 받고 딸 주세요." 라고 말하는 것입니다.

특등 신붓감에게는 암소 세 마리, 괜찮은 신붓감은 암소 두 마리, 그리고 보통의 신붓감이라면 암소 한 마리로도 승낙을 얻을 수 있었습니다.

어느 날 의사는 이 청년이 친구들과 마을 사람들에 둘러싸여 어디론가 가는 것을 보았습니다. 그런데 놀랍게도 이 청년이 몰고 나온 청혼 선물은 살찐 "암소 아홉 마리"였습니다. 사람들은 상대가 누구인지 궁금해 하면서 술렁이기 시작했지요. 청년은 마을 촌장 집도, 지역 유지인 바나나 농장 주인집도, 마을 여선생의 집도 그냥 지나치더니 어느 허름한 집 앞에 멈춰섰습니다. 그리고는 그 집 노인의 딸에게 청혼을 하는 것이었습니다.

그런데 그 딸은 생김새가 큰 키에 비해 너무 마르고 심약해 보이는 초라한 여자였습니다. "암소 한 마리"에 청혼할 상대에 불과한데 "암소 아홉 마리"를 데리고 간 것을 보고 동네 청년들이 수군대기 시작했지요. 심지어 그 처녀가 마법으로 청년을 홀린 것이라는 소문까지 돌게 되었습니다. 그 후 의사는 의료봉사를 마치고 본국으로 되돌아 왔고, 가끔 그 청년을 생각할 때마다 그때 왜 아홉 마리의 암소를 몰고 그 보잘것없는 처녀에게 청혼을 했는지 궁금해지곤 했습니다.

오랜 세월이 지나 휴가차 다시 그 마을을 찾아간 의사는 큰 사업가가 되어 있는 옛날의 그 청년을 만났고, 저녁 식사에 초대를 받았습니다.

식사를 하면서 의사는 그에게 청혼 선물로는 과도하게 아홉 마리를 건넨 이유를 물어 보았지만 그는 빙긋 웃을 뿐 별다른 이야기를 하지 않았습니다.

궁금증만 더 커져갈 즈음에 한 여인이 찻잔을 들고 들어왔습니다. 아름답고 우아한 흑인 여인이었습니다. 유창한 영어와 마음을 편하게 해주는 미소까지…….

의사는 속으로 "아~, 이 사람이 그때 그 말라깽이 처녀 말고 또 다른 아내를 맞이했구나. 하긴 저 정도는 되어야 이 사람과 어울리지."라고 생각했지요.

그때 사업가가 천천히 말을 시작했습니다. "선생님, 저 사람이 그때 제가 청혼했던 처녀입니다." 의사의 놀란 모습을 보고 사업가는 말을 이어 갔습니다.

"저는 아주 어릴 적부터 저 사람을 사랑했고 저 사람과의 결혼을 꿈꿔 왔습니다. 아시다시피 저희 마을의 여자들 세계에선 몇 마리의 암소를 받았느냐가 중요한 문제였습니다. 저도 그런 관습을 무시할 수가 없어서 암소를 몰고 갔습니다.

사실 제 아내는 한 마리의 암소면 충분히 혼인 승낙을 받을 수 있었습니다. 그러나 제가 정말 사랑한 여인이 스스로 자신의 가치를 한 마리의 암소 값에 한정하고 평생을 사는 것을 원치 않았습니다.

자신을 두 마리나 세 마리를 받았던 처녀들과 비교하면서 움츠러든 채 살게 하고 싶지 않았던 것이지요.

청혼 때 몇 마리의 암소를 받았느냐가 평생 동안 자기 가치를 결정할 수 있기 때문에 저는 세 마리를 훨씬 뛰어넘는 아홉 마리를 생각해낸 것입니다.

결혼하고 나서도 저는 아내에게 공부를 하라거나 외모를 꾸미라고 요구한 적이 없습니다. 저는 있는 그대로의 아내를 사랑했고, 또 사랑한다고 이야기해 주었을 뿐입니다. 처음에는 믿지 않던 아내가 차츰 저의 진실을 받아들이기 시작했습니다. 혹시 "나에게 암소 아홉 마리의 가치가 있는 것은 아닐까?"라고 생각하기 시작한 것 같았습니다.

그 후로 아내는 "암소 아홉 마리"에 걸맞은 사람으로 변하기 시작했습니다. 그러는 사이에 아내는 더욱 건강해지고 아름다워져 갔습니다.

저는 예전이나 지금이나 아내를 똑같이 사랑하지만, 이제

아내는 결혼할 당시의 모습보다 지금 자신의 모습을 더 사랑하는 것 같습니다. 처음에 수군대던 동네 아낙들도 요즘은 제 아내의 밝은 미소를 사랑해 줍니다."

필자가 군 생활을 회상해 보면 나를 인정해 주고 높이 평가해 주셨던 상급자에게는 한마음으로 충성을 다하였으며 부하들 역시 내가 믿고 평가해 준 만큼 탁월한 능력을 발휘하였습니다.

누군가 당신에게 소중한 사람이 있다면 그 사람에게 최고의 가치를 부여해 줘야 합니다. 사람은 누구나 기대하는 것만큼 되는 것이 아니라 평가해 주는 만큼 될 수 있기 때문입니다.

리더를 꿈꾸는 젊은이에게

누군가 당신에게 소중한 사람이 있다면

그 사람에게 최고의 가치를 부여해 줘야 합니다.

사람은 누구나 기대하는 것만큼 되는 것이 아니라

평가해 주는 만큼 될 수 있기 때문입니다.

14

주도적인 사람, 반사적인 사람

저는 주도적인 사람을 좋아합니다. 다들 그렇지 않느냐고요? 예전에는 군대를 비롯한 대부분의 조직에서 주도적인 사람은 환영받지 못했습니다. '상명하달'을 충실히 이행하여 맡은 바 임무에만 전념하는 사람이 환영받았고, 여러 가지 일에 주도적으로 관심을 가지고 참여하면 '주제넘은 사람'으로 오해받기 딱 좋았습니다. 하지만 오늘날의 조직 경영에서 구성원들의 주도성은 조직을 발전시키는 핵심 키워드 중 하나입니다. 각자에게 할당된 역할만 수행하면서 계획한 범위 내에서 조직의 역량이 발휘되던 시대는 지나갔고, 이제는 각자의 능력을 최대한 발휘해야 조직의 역량도 무한대로 성장할 수 있다는 생각이 지배하기 때문이지요.

구성원의 주도성은 무無에서 유有를 창조해낼 수 있기에 해당 집단에 큰 의미가 있습니다. 이전 사회에서는 조직의 규모가 크면 클수록 많은 결과물을 창출해낼 수 있었습니다. 그래서 조직 구성원의 숫자는 그 조직이 얼마나 대단한 곳인지를 간접적으로 드러내는 척도가 되기도 했지요. 하지만 이제는 1인 기업이라는 말이 어색하지 않고, 작은 기업이 대기업 못지않은 놀라운 실적을 보여주기도 합니다. 이 모두가 구성원들이 주도성을 가지고 능력을 발휘할 수 있는 환경이 조성되었기 때문입니다.

그런데 제가 주도적인 사람을 좋아하는 이유는 따로 있습니다. 여기서 말하는 '주도적인 사람'은 스티븐 코비Stephen R. Covey 박사가 그의 명저 『성공하는 사람들의 7가지 습관』에서 말했듯이 '반사적인 사람'에 대비되는 뜻입니다. 우리에게 가장 큰 상처를 주는 것은 다른 사람이 우리에게 하는 행동도, 우리 자신이 범하는 실수도 아닙니다. 자신이 저지른 실수에 대응하는 우리의 반사적인 태도입니다. 예를 들어, 독사에게 물렸을 때 우리를 문 독사를 잡으려고 쫓아간다면 온몸에 독이 더 빨리 퍼져 죽게 될지도 모릅니다. 그 자리에서 독을 없애려고 재빨리 조치를 취하는 편이 낫습니다.

반사적인 사람은 모든 일을 환경 탓으로 돌리기 때문에 부정적으로 사고하는 경향이 강하다고 합니다. 예를 들어 자신의 탓으로 큰 실수를 저질렀다고 가정해 봅시다. 반사적인 사람은 그 이유를 끊임없이 외부에서 찾으려고 합니다.

"어제 술을 너무 많이 마셔서……."

"네가 너무 보채는 바람에……."

"분명히 제대로 했는데 왜 이러지……."

이런 식으로 끊임없이 변명을 늘어놓지요. 하지만 주도적인 사람은 자신의 잘못을 쉽게 인정합니다. 주도적인 사람은 자신이 한 일의 결과를 빠르게 인정하고, 문제 해결을 위해 곧바로 행동에 들어갑니다. 잘못을 저지르고도 변명하느라 소중한 시간을 허비하는 사람들을 보면 주도성을 가지고 잘못을 인정하는 것이 얼마나 중요한지를 알 수 있습니다. 또한 주도적인 사람은 행동에 일관성이 있고 신념이 투철합니다. 반사적인 사람은 주변의 분위기나 조건, 자신의 기분에 따라 행동하는 성향이 있습니다. 외부 상황이 좋지 않으면 나쁘게 반응하여 살인과 같은 큰 죄를 저지르기도 합니다. 하지만 주도적인 사람은 기분이나 조건 등에 영향을 받으면서도 그 여파를 최소화하고 자신의 신념에 따라 행동하지요. 외부 상황이 좋지 않더라도 그것을 자신의 마음속에서 완충시켜 신사적으로 대응합니다. 시시각각 바뀌는 환경에 맞게 대처하는 것도 중요하지만, 언제나 원칙과 신념을 가지고 행동해야만 정도正道에서 벗어나지 않습니다. 우리가 정도를 가기 위해선 무엇보다 주도적인 성품이 필요합니다.

이러한 의미에서 국내 시각장애인 박사 1호로서 미 백악관 국가장애위원회의 정책차관보에 오른 강영우 박사는 누구보다도 '주도적'인 인물이지요. 그가 서울맹학교 고등부에 다닐 때의 일입니다. 같이 맹학교에 다니는 한 친구와 시내에 나갔다 돌아오는 길에 그는 한 무리의 꼬마아이들에게 둘러싸이게 되었어요. 철없는 아이들은 두 시각장애인 고등학생들의 주위를 에워싸고 그들이 가는 길을 따라다니며 돌멩이를 던지고 짓궂게 놀려댔습니다.

"얼레리 꼴레리, 백주대낮에도 깜깜하기만 한 장님들이래요."

"앞도 못 보면서 나돌아 다니긴. 약 오르면 잡아봐라!"

어처구니없는 비난과 야유 속에서 그들은 도망치듯 기숙사로 돌아왔습니다. 각자의 방으로 들어간 후에도 친구는 아까 당한 일에 대해 분을 이기지 못하고 씩씩거리고 있었습니다. 그래서 그는 함께 화풀이를 하려고 강영우의 방을 찾아갔습니다. 그러나 그는 강영우의 방에서 흘러나오는 다음과 같은 기도 소리에 발걸음을 멈추고 말았답니다.

"하나님, 무지하고 어리석은 저들이 저지른 잘못을 어여삐 용서하여 주시옵소서."

같은 일을 당하고도 강영우와 친구의 대응은 이렇게도 달랐던 것입니다. 주도적인 성품이란 바로 이런 것을 말합니다.

덴마크의 동화작가 안데르센이 강연을 위해 스위스를 방문했을 때의 일입니다. 안데르센이 호텔에서 강연장까지 가기 위해 마차를 탔는데, 그가 외국인임을 알아본 마부는 일부러 먼 길을 선택해 요금을 더 받아내려 했습니다. 예전에 스위스에 와본 적이 있어 길을 알고 있었던 안데르센은 잠자코 있다가 마차에서 내리며 말했습니다.

"내가 듣기로 스위스 사람들은 모두 정직하고 신사적인 걸로 유명하다더군요. 오늘은 평소 가는 길보다 많이 돌아온 걸 보니 호텔에서 여기까지 오는 길에 뭔가 사정이 있었나 보지요?”

이 말을 들은 마부는 크게 뉘우치며 안데르센에게 용서를 빌었다고 합니다. 자신을 속이려는 마부에게 반사적으로 화를 냈다면 순간의 화는 풀렸을지 몰라도, 마부와 싸우고 그 여파로 강연까지 망쳤을지도 모릅니다. 안데르센의 주도적인 성품이 나쁜 마음을 먹었던 마부까지 감화시키는 효과를 발휘한 것이지요.

사람은 누구에게나 선택의 자유가 있습니다. 우리는 흔히 화가 났을 때 누구 때문에, 무엇 때문에, 화가 났다고 외부 환경에서 그 이유를 찾고 있지만 사실은 자신이 그 화를 선택했기 때문에 화가 난 것이지요.

그래서 우리는 어떤 상황 하에서든 선택의 자유는 나에게 있고 그 책임 또한 나에게 있음을 잊지 말아야 합니다.

15

썩은 물에서 얻은 깨달음

『화엄경』에 '일체유심조一切唯心造'라는 구절이 있습니다. 직역하자면 '일체의 모든 것은 오로지 마음이 지어낸다.'는 겁니다. 이 말은 좋고 나쁨, 행복과 불행 등 모든 분별과 경계는 자신의 마음에서 나오는 것이지 사물 그 자체의 속성에서 나오는 것은 아니라는 뜻입니다.

'일체유심조' 하면 떠오르는 유명한 일화가 있습니다. 주인공은 바로 원효대사입니다. 의상과 함께 당나라 유학길에 오른 원효는 어느 무덤 앞에서 잠들었다가 잠결에 목이 말라 물을 마셨는데, 날이 밝아 깨어보니 간밤에 달게 마신 그 물은 해골에 괸 썩은 물이었습니다. 원효는 구역질을 한 후 대오각성大悟覺醒하여 유학길을 접고 집으로 돌아왔습니다. 굳이 유학을 갈 필요가 없었던 거지요. 원효가 얻은 깨달음이란 바로 '깨끗함과 더러움은 따로 있는 것이 아니라 오로지 마음의 판단에 달려 있다'라는 것입니다.

한 목사님께서 이런 얘기를 들려주었습니다. 교회 건축 현장에서 일하고 있는 인부들의 표정을 일정 기간 동안 관찰해보았답니다. 그들을 세 부류 정도로 나눌 수 있는데, 우거지상을 한 인부는 "몸은 고달프고 일당은 적고 죽지 못해 일하고 있다"고 말하고, 무표정한 얼굴의 인부는 "비록 푼돈이지만 집안의 식구들을 건사할 수 있으니 좋을 것도 나쁠 것도 없다"는 태도였으며, 마지막으로 환한 표정의 인부는 "일당을 받으면서 내 손으로 하느님을 모시는 전당을 쌓고 있으니 만족스럽고 보람되다"라고 생각하고 있더라는 것입니다. 이처럼 똑같은 조건에서 우리는 마음먹기에 따라 불행한 인부가 될 수도 있고 행복한 인부가 될 수도 있습니다. 즉, '참과 거짓'은 이미 결정되어 있는 것이지만 '좋은 것과 싫은 것'은 마음의 판단에 달려 있다는 겁니다. 논리학에서는 이를 사실판단과 가치판단으로 나누어서 규정하지요. 사실판단은 나와 타인이 각자 판단했을 때 그 결과가 동일 할 수 있는 객관적인 상황에서 내리는 결정이지요. 또한 내가 열 번을 다시 생각했을 때도 그때마다 동일한 결과를 도출할 수 있는 것이 사실판단이지요. 반면에 가치판단은 한 가지 상황을 가지고 너와 내가 다른 판단을 내릴 수 있는 결정을 의미합니다. 심지어 같은 상황을 두고 내가 오늘 생각했을 때와 내일 생각했을 때 상이한 결정을 내릴 수 있는 것도 가치판단의 특징입니다.

처음으로 조그만 부서의 장이 되었을 때부터 한 가지 분야에서 최고 결정자가 된 후까지 새해를 맞이하는 첫 인사로 "모든 일은 마음먹기 나름이다"라는 이야기를 부하들에게 빼놓지 않습니다. 단골 레퍼토리인 셈이죠. 물론 좋게 마음먹는다고 해골에 괸 물속의 이물질들이 사라지는 건 아니지만, 생각을 달리 하면 못 마실 물로도 갈증을 해소하고 행복감을 얻을 수 있으니까요.

리더를 꿈꾸는 젊은이에게

"참과 거짓"은 이미 결정되어 있는 것이지만

"좋은 것과 싫은 것"은

마음의 판단에 달려 있습니다.

16

입장을 바꾸면 답이 보인다

공자의 말 중에 우리의 폐부를 찌르는 말이 있습니다.

"자신이 원하지 않으면 남에게도 시키지 말아야 한다."

그러나 우리는 대부분 반대로 살고 있지요. 시쳇말로 "내가 하면 로맨스, 남이 하면 스캔들"이라는 게 대부분 사람들의 태도입니다. 한 가지 사안을 두고 입장의 차이에 따라 상반된 가치평가를 내리곤 하지요. 이처럼 모순된 판단이 인간의 이기적인 면과 연관되어 있음을 드러내주는 말들은 우리의 웃음을 유발하곤 합니다. 예를 들면 이렇습니다.

"남이 은둔하면 세상이 그를 버린 것이고, 내가 은둔하면 내가 세상을 버린 것이다."

"남이 서행하면 소심운전이고 내가 서행하면 안전운전이 된다."

제가 여단장으로 근무할 때입니다. 어느 날 한 병사에게서 이메일이 왔습니다. 상황실에서 근무하는 병사였지요. 군대 내에서도 편의점이나 병원 응급실처럼 부서 자체가 명절이나 휴일도 없이 365일 24시간 내내 운영되는 부서들이 있습니다. 그런 부서에 근무하는 병사들은 흔히 사람들이 생각하는 보초나 불침번처럼 '서로 돌아가며' 혹은 '가끔'이 아니라 군 생활을 하는 내내 밤낮이 뒤바뀐 생활을 해야만 합니다. 남들이 모두 잠자리에 드는 시간에 출근해서, 아침 햇살이 창문을 넘어 환하게 온 방을 채울 때 햇빛을 피해 이불을 푹 눌러쓰고 억지로 잠을 청해야 한답니다. 군대는 물론이고 사회에서도 이러한 교대근무를 해야만 하는 사람들의 고충은 이만저만이 아니지요. 하루 이틀이라면 오히려 주간보다 할 일이 적은 야간에 일하고 남들이 모두 일할 때 푹 쉴 수 있으니 좋다고 생각하겠지만, 그것이 한 달이 되고 1년이 지나 일상이 된다면 그리 녹록한 일이 아닙니다.

제게 이메일을 보낸 병사도 그러한 고충이 있었습니다.

군대에서는 때때로 부서를 불문하고 모두가 함께 일과시간 중에 국토대청결운동을 한다든지 무성하게 자란 풀을 제거해야 하는 일이 많습니다. 그럴 때마다 이 병사는 야간 근무를 마치고 생활관에서 편히 자거나 쉬고 있어야만 했지요. 하지만 일을 마치고 땀에 젖어 생활관에 잠시 씻으러 들어온 동료들은 일이 있을 때마다 빠지는 그 병사가 못마땅해 눈치를 주고 간접적으로 핀잔을 준다는 것이었어요. 편지에서 그 병사는 제발 동료들이 자신처럼 교대근무를 하는 병사들을 '이해'만이라도 해줄 수 있으면 좋겠다는 이야기를 간절히 하고 있었습니다.

저는 그 후 병사들이 모두 모인 자리에서 이런 이야기를 해주었습니다.

한 연못에 성충이 되어 물 밖으로 나가기만을 기다리는 애벌레들이 살고 있었지요. 그중에는 곧 성충이 될 애벌레도 있었고, 애벌레가 된 지 얼마 안 된 것들도 있었습니다. 그중 선배라고 할 수 있는 애벌레들은 성충이 된 뒤 반드시 우물로 돌아와 바깥세상의 이야기를 전해주겠다고 약속했습니다. 그러나 실제로는 아무도 돌아오지 않았습니다. 남아 있는 애벌레들은 날벌레가 된 성충이 물속으로 다시는 돌아올 수 없다는 사실을 몰랐기에 선배들을 모두 거짓말쟁이로 단정해버렸습니다. 그리고 자신들은 후배들에게 그러지 않겠노라고 다짐했지만, 그 뒤로도 약속은 지켜질 수가 없었습니다.

이 이야기에서 이러한 악순환이 계속 일어나는 이유는, "선배들이 약속을 지키지 못했다"는 사실에 접근하는 방법이 본질적으로 잘못됐기 때문이지요. 분명 약속을 지키지 못한 것은 '선배들'인데 선배들의 입장이 아닌 자신들의 입장에서만 그 이유를 따져보니 당연히 문제되는 것이지요. 병사들도 마찬가지였습니다. 한 병사가 단체 행동에서 지속적으로 빠진다면 그의 입장에서 왜 그럴 수밖에 없었는가를 생각해봤어야 합니다. 그러므로 제멋대로 남을 판단하지 않으려면 자신의 이해관계를 떠나 타인의 입장에서 충분히 생각해보려는 역지사지의 과정이 필요합니다.

그러나 앞서 말했듯이 역지사지의 과정이 실생활에서 힘든 것은 바로 '자신의 이해관계를 떠나'는 것이 힘들기 때문이지요. 실제로 서로의 지위가 크게 차이 날수록 역지사지의 자세를 갖는 것은 곱절로 어려워집니다. 물론 서로가 처한 환경의 차이도 중요한 이유겠지만, 서로의 이해관계가 달려 있기 때문도 큰 이유 중 하나겠지요.

같은 집단에서 비슷한 지위에 있는 사람들의 이해관계는 크게 다르지 않습니다. 하지만 아이러니하게도 지위의 차이가 클수록 역지사지는 점점 어려워지지만, 역지사지의 필요성은 점점 더 커집니다. 상하관계가 정립되어 있는 조직에서 서로 다른 지위를 가진 사람들이 단결해서 목표를 성취하려면 서로를 배려하고 이해하는 과정이 반드시 필요합니다. '역지사지를 모르는 리더는 리더가 아니다'라고 단언할 수 있을 만큼 역지사지는 리더십의 가장 기본적인 조건이라 할 수 있겠습니다.

리더를 꿈꾸는 젊은이에게

아무리 아이스크림이나 사탕을 좋아하는 사람이라도 미끼를 쓸 때는 물고기가 좋아하는 지렁이나 떡밥을 쓰는 법입니다.
상대의 기분을 이해하는 순간,
상대는 당신의 모든 말에 귀를 기울일 것입니다.
내가 선호하는 방식을 강요하는 대신
상대방의 입장에서 사물을 바라보는 자세가 필요합니다.

17

처벌은 느리게, 포상은 빠르게

『CEO 오다 노부나가 경영 10법칙』이라는 책에는 일본 전국시대의 전쟁 문화가 잘 설명되어 있습니다. 그중 전국시대의 싸움에서 매우 중요한 임무를 수행했던 것이 '유희츠佑筆' 라는 직책인데요. 전국시대의 전투에서 유희츠가 없이는 아무도 전쟁에 임하지 않았습니다. 전투에 들어가면 모든 가신은 먼저 뒤를 돌아보며 유희츠가 있는지 없는지부터 살폈습니다. 그리고 유희츠가 있는 것을 확인하고서야 안심하고 전장으로 돌격했습니다. 유희츠는 바로 본진의 한가운데서 수첩을 들고 가신들의 공을 일일이 기록하고 평가하는 사람이었습니다.

이 이야기는 오랜 시간이 지나 현대 사회를 살아가는 우리에게도 큰 공감을 줍니다. 사람은 누구나 자신의 공로를 제대로 인정받지 못하는 분위기에서는 일하길 원치 않습니다. 그 예로 심리학에서는 이런 실험 결과를 발표했습니다. 대부분의 사람들이 운동경기에서 결정적 역할을 했을 때, 혹은 많은 사람이 모인 자리에서 멋지게 어떤 일을 해냈을 때 맨 먼저 취하는 행동이 무엇인지 아십니까? 주위를 살펴보는 것이랍니다. 이는 주변 사람들에게 간접적으로 '나 잘 했지?'라는 질문 아닌 질문을 던지면서 큰 자부심을 느끼는 것이라 할 수 있습니다.

이처럼 사람들은 누구나 자신의 행동이 긍정적으로 평가받길 원합니다. 그리고 긍정적인 평가를 받기 위해 열심히 일합니다. 하지만 때로는 실수도 저지르고 지적이나 비난 같은 부정적인 피드백을 받기도 합니다. 부정적인 평가를 받았다 해서 기분이 상해 당장 일을 그만두거나 하지 않습니다. 오히려 다음에는 더 잘해서 칭찬과 포상을 받고자 노력합니다.

결과적으로 부하직원들에게서 적극성을 이끌어내려면 아낌없는 포상이 최선의 방법입니다. 그리고 부정적인 평가보다 더 나쁜 것은 아무런 평가도 내리지 않는 것입니다.

리더는 구성원들이 성장하는 모습을 함께 기뻐하고, 아낌없이 축하하고 포상하며, 그들의 심장을 뛰게 해야 합니다. 리더가 구성원들에게 아낌없이 포상하는 것은 그들을 인정하고 존중한다는 의미이지요.

그런데 구성원들에 대한 평가를 정확하게 내리기란 쉬운 일이 아닙니다. 포상을 내릴 때도 구성원 모두가 '평가가 공정했다'고 생각하게끔 해야 합니다. 그래야 포상을 받는 사람도, 그렇지 못한 사람도 모두 만족할 수 있지요. 여러 가지 포상을 내리면서도 별다른 효과를 보지 못하는 조직의 경우는 포상의 희소성이 부족했거나, 리더의 평가가 공정하지 못해서일 것입니다.

구성원들의 의욕을 끌어올리는 효과적인 포상을 하려면 먼저 리더가 직접 현장을 돌면서 구성원들이 일하는 모습에 관심을 가지고 살펴봐야 합니다. 그리고 업무 평가가 음성적이 아니라 양성적으로 이루어질 수 있게 공헌도 평가를 실시하는 부서를 따로 두고 평가에 투명성을 유지해야 합니다. 그래야만 구성원들이 '어차피 누구에게 잘 보인 사람만 인정받을 텐데……'라는 생각을 하지 않고 일에 전념할 수 있습니다.

다음으로는 충분한 포상을 내려야 합니다. 모두에게 항상 칭찬과 포상을 남발한다면 아무리 포상을 내린다고 해도 별 감흥 없이 당연한 것으로 받아들일 수 있습니다. 아무리 맛있는 음식도 배가 부르면 그 맛을 느낄 수 없듯이, 적절한 시기에 정당한 포상을 내리는 것이 가장 중요합니다. 그러나 포상의 희소성을 확보하려고 포상 자체를 아껴서는 안 됩니다. 리더는 '당신들에게 줄 수 있는 만큼 다 줄 테니 안심하고 열심히 최선을 다하라'는 자세를 가지고 시의적절하면서도 충분한 포상을 해야만 합니다.

포상 방법에는 창의성이 필요합니다. 그 조직만의 특별한 이름이 붙은 상이나 호칭을 만들어서 수여하는 것도 큰 의미를 가질 수 있습니다. 또 큰 포상이 아니더라도 회식이나 회의 자리에서 때때로 구성원들의 공적을 축하하며 간단한 선물이나 격려금을 주는 것도 좋겠지요. 개인에게 포상을 하는 것도 좋지만 특히 팀에게 포상을 내리는 것을 잊어서는 안 됩니다. 이는 자칫 포상 문화를 악용하여 서로 개인의 공적만 쌓으려는 이기주의가 생기는 것을 막아주고, 조직 내의 단결력을 향상시키는 데 큰 도움이 됩니다. 멋진 리더라면 적절한 포상 문화를 조직 내에 뿌리 내려 '상승 지향의 인간'이 아니면 살아남지 못하는 문화를 정착시켜야 합니다. 그러면 멈추지 않는 조직의 발전이 가능하게 될 것입니다.

제가 처음으로 독립 부대의 지휘관이 되었을 때 참모총장으로 모셨던 분께서는 지휘관들에게 늘 '신상필상信賞必賞'을 강조하셨습니다. 우리가 알고 있는 신상필벌信賞必罰을 신상필상이란 말로 바꿔 '언제나 처벌보다는 포상하는 것을 잊지 말라'는 뜻을 강조한 것이죠. 저는 그때 가슴 한구석에 신선한 충격을 받았습니다. 그 일은 제 지휘관 생활에 큰 영향을 주었습니다. 그 후 항상 각종 평가나 경연대회를 준비하며 중간 평가를 통해 열심히 노력한 장병에게 적절히 포상하는 것을 잊지 않았습니다. 그리고 놀랍게도 거의 모든 평가나 대회에서 최고의 결과를 거뒀습니다. 중간 포상의 힘이었지요. 리더로서 멋진 경험이었습니다.

리더를 꿈꾸는 젊은이에게

칭찬은 귀로 먹는 보약입니다.

죽어가는 사람을 살릴 수 있고

바보를 영웅으로 만들 수 있습니다.

18

다양성을 존중해야 하는 이유

'다름'은 사물을 이해하는 가장 기본적인 개념 중 하나입니다. 플라톤은 존재, 운동, 정지와 더불어 '같음과 다름'을 그의 철학에서 가장 큰 개념으로 제시했습니다. 그만큼 다르다는 것은 사물에 대한 우리의 이해를 결정짓는 중요한 개념입니다.

하지만 이러한 차이를 인정하지 않으면 갈등이 발생합니다. 차이를 인정하지 않을 때 인간은 모두 '내가 옳다. 내가 더 잘한다. 내 선택이 더 합리적이다. 내가 믿는 것이 절대적이다.'라고 단정 짓기 때문입니다. 남과의 차이를 인정하지 않은 상태에서 나와 다른 것들을 보면 그것은 내가 가진 것의 정체성을 위협하는 경쟁 대상이 되고 맙니다. 그렇기 때문에 반드시 내가 옳아야만 하고 내가 이겨야만 한다는 생각을 만들어내지요.

장자莊子 또한 상대가 남이라는 사실을 서로 인정하지 않는 데서 갈등이 비롯된다고 보았습니다. 남이란 나와 차이가 있는 존재이고, 남을 인정한다는 것은 그가 추구하는 가치와 판단, 방법 등 모든 영역을 인정한다는 것을 의미하지요. 결국 나와 다르다는 것을 인정하는 것만으로도 상대방을 비난하거나 시기할 필요가 없어지는 것입니다.

다른 사람과의 차이를 인정하는 것은 갈등을 방지할 뿐만 아니라 다양한 능력의 수혜를 입을 수 있음을 의미하지요. 특히 리더로서 특정인이나 특정 집단에 대해 편견을 가진다면 그 사람들이 가진 능력마저 사장시킬 수도 있습니다. 조직 안에서 구성원들을 평가할 때는 모두가 공감할 수 있는 객관적인 잣대가 우선이지만 다른 분야에 대해서는 다양성을 수용하고 인정한다는 의지를 강력하게 피력해야 합니다. 우리 역사에는 이에 대한 지혜가 있습니다. 『조선왕조실록』을 보면 당대 최고의 음악가 박연이 세종에게 이렇게 건의합니다.

"옛 임금들께서는 맹인들을 음악가로 삼으셨습니다. 볼 수 없어도 귀로 소리를 잘 살피기 때문입니다. 이렇듯 세상에 버릴 사람은 아무도 없사오니 그들이 마음 편히 음악에 전념할 수 있도록 해주십시오."

세종은 박연의 청을 흔쾌히 수락했습니다. 또한 세종은 1432년 기생의 아들인 장영실을 조선 시대 정5품 벼슬에 해당하는 상의원 별좌에 임명하였고 당시의 과학 수준을 놀라울 만큼 성장시킬 수 있었습니다. 세종의 이러한 등용은 '세상에 버릴 사람은 아무도 없다'는 말을 실감하게 합니다. 만약 세종이 맹인이라는 이유로 그들을 음악가로 삼지 않고, 천한 신분이라는 이유로 장영실을 등용하지 않았다면 우리의 역사는 지금보다 훨씬 빈약했을 것입니다. 그들이 가진 장애요소는 그저 나와는 다른 차이일 뿐임을 몇 세기를 먼저 살았던 선조들은 이미 알고 있었던 것입니다.

오히려 리더가 경계해야 할 점은 모든 사람이 같은 모습과 견해를 보이는 것이지요. 반드시 어떤 일에는 사람마다 다른 의견과 모습이 존재합니다. 어떠한 일을 추진하는 과정에서 서로 다른 의견이 충돌하는 것은 당연한 의사결정의 수순이지요. 리더는 구성원들의 서로 다른 의견을 들어보고 조율하는 과정에서 각각의 장단점을 파악하고 합리적인 결정을 내려야 합니다. 하지만 모든 사람이 똑같은 목소리로 같은 이야기를 한다면 그것 또한 반드시 경계하고 깊이 생각해보아야 하겠지요. 그저 모든 사람이 그렇게 생각하는 일이라고 받아들일 수도 있겠지만, 아무리 당연한 듯이 보이는 일도 반드시 다른 모습으로 다르게 받아들이는 사람이 생기게 마련이거든요. 만약 이구동성으로 이야기하는 일이 있다면 대개는 이전에 리더가 모르는 비밀스런 합의의 과정이 숨겨져 있을 것이고, 리더가 모르게 일어나는 합의는 뭔가 정당하지 않은 문제를 갖고 있을 것입니다.

많은 사람들은 '차이를 인정하는 것'과 '차별을 용인하는 것'을 혼동하곤 합니다. 차이를 인정하는 것은 단지 이것과 저것이 다를 뿐임을 인정하는 것이지 둘 사이의 우열을 전제하는 것은 아니지요. 만약 누군가 "난 너랑 다르게 A라서 이런 대우를 받아야겠어. 이건 내가 너랑 다르기 때문에 네가 좀 이해해줬으면 해."라고 말한다면 그것은 차별을 용인하는 것이 됩니다. 서로의 차이를 인정하라며 '여자가 군대를 갈 수 없는 건 인정하니까, 군대를 가야 하는 남자에게는 무조건 혜택을 줘야

해!'라고 생각하거나 '남자는 아이를 낳을 수 없으니까, 여자가 10개월 동안 고생한 만큼 육아를 책임져야 해!'라고 생각하는 사람이 있다면 이것은 차이를 올바르게 인정하는 것이 아니겠지요. 어떤 성질의 차이를 인정한다는 것은, 단지 그 성질에 국한해 차이가 발생하는 것을 인정하는 것입니다. 그것으로 말미암아 다른 성질의 우열을 가리는 것은 차별이 되지요.

우리나라의 경우 군뿐만 아니라 모든 조직체에서 아직도 학연이나 지연 등의 차별을 당연시하여 비생산적인 갈등을 유발하는 경우가 종종 있습니다. 저는 미군과 가까이에서 오랫동안 근무했습니다. 그들도 우리 군처럼 사관학교와 ROTC 등 다양한 출신이 있고, 또한 우리에겐 해당 없는 인종과 피부색 같은 문제도 가지고 있습니다. 그럼에도 불구하고 미합중국이란 하나의 깃발 아래 서로 다름을 모두 인정하며 자기의 조직과 국가를 위해 묵묵히 최선을 다하는 모습이 가끔씩 부럽기까지 했습니다.

리더는 실질적인 정책의 결정 과정에서도 늘 개인적인 차이점을 존중해주어야 합니다. 모두가 지켜야 할 규칙을 세우더라도 항상 그것을 지킬 수 없는 사람의 입장에서 생각해보아야 하고, 인사나 포상을 하더라도 그로 인해 곤란해 하는 사람은 없는지 고민해보아야 합니다.

나와 생각이 같은 사람들만으로 조직을 구성하겠다고 생각하는 것은 어리광일 뿐입니다. 조직 안에 다양성이 존재해야 하는 것은 불변의 진리겠지요. 단지 리더가 해야 할 일은 이러한 다양성이 조직 내에서 건강하게 뿌리내릴 수 있도록 돕는 것입니다. 칭기즈칸이 만약 자신의 부족 사람들 중에서만 부하를 등용했다면 그토록 큰 나라를 이룰 수 없었을 것입니다. 그가 성공할 수 있었던 이유는 각기 다른 부족의 구성원을 참모로 기용하여 출신의 다양성을 존중해주었기 때문입니다. 리더가 놓쳐서는 안 될 덕목입니다.

19

약자를 보살필 줄 알아야 리더다

현대 사회가 발전할수록 빈익빈 부익부 현상은 두드러집니다. 가진 자는 자신의 넘쳐나는 물질을 가지고 투자, 투기 등을 통해 더 많은 부를 축적하고, 못 가진 자는 투자할 기본 자산이 없으므로 하루하루 생계에 모든 노력을 다할 수밖에 없습니다. 결국 가난한 사람은 그 고생에서 벗어날 수가 없고요.

현대 사회가 이처럼 너무나 양극화되는 현상에는 자본 외에도 여러 가지 요인들이 있습니다. 문제는 국가가 이러한 못 가진 자들을 위한 사회적 통합에 많은 투자를 하지 못한다는 것입니다. 사회 통합 차원에서 못 가진 자들, 즉 약자를 보호하고 지원하는 것은 매우 중요한 의미가 있습니다. 하지만 국가적 차원에서 약자에게 도움을 주는 것에는 한계가 있기 마련이지요. 이때 국가의 손길이 미치지 못하는 곳에 존재하는 약자들에게 관심을 기울이는 것이 모든 사회 조직이 고유의 목적 이외에 가져야 하는 사명입니다. 그들에게 물리적 도움을 주고 더불어 따뜻한 관심을 받고 있다는 생각이 들게끔 배려하는 것이 각 분야의 리더가 가져야 하는 도덕적인 사명이지요.

옛 문헌에서도 지도자가 다수의 약자를 위해 노력한 흔적을 많이 찾을 수가 있습니다. 백성을 아끼고 고락苦樂을 함께 하려고 하는 맹자의 사상은 오늘날의 리더에게 많은 교훈을 주고 있지요. 맹자는 「양혜왕梁惠王」 편에서 제나라 선왕宣王에게 혼자 또는 소수의 측근들과 즐기는 음악보다 백성들과 함께 즐기는 음악이 더 좋은 것이라고 비유로 설명하고 있습니다. 여기서 유래된 것이 '여민동락與民同樂'이라는 말이지요. 여민동락은 단순히 '백성과 함께 즐기는 것이 좋다'는 말이 아닙니다. 이는 임금으로서 자칫 나 혼자 배부르고 따뜻하게 지내는 것에 안주하여 헐벗고 굶주린 백성을 등한시할지도 모름을 경계하는 말이기도 하지요.

이러한 맹자의 사상은 조선 시대에도 꽃을 피우게 됩니다. 한글을 창제하고 국가의 안위와 백성의 안녕을 위해 노력했던 성군 세종대왕의 '위민사상爲民思想'에서 이를 볼 수 있지요. 음악에도 정통했던 세종이 재위 27년에 정인지 등에게 아악雅樂인 〈여민락與民樂〉을 만들게 해 각종 연회 때마다 연주하게 했던 것은 "천하의 모든 이와 근심을 함께하고, 천하의 모든 이와 즐거움을 함께한다."는 맹자의 말을 잊지 않기 위해서였다고 합니다.

다수의 약자에게 관심을 가져야 한다는 것은 식물을 통해서도 배울 수 있습니다. '유추프라카치아Uchupurakacha'라는 세계적으로 특이한 식물이 있습니다. 이름을 풀이해보면, '사람의 영혼을 갖고 있는 식물'이라고 합니다. 이 식물은 소량의 수분과 햇빛만으로도 살아가는 음지식물의 하나인데 생물체가 살짝 스치기만 해도 며칠 지나지 않아 시름시름 앓다가 말라 죽어버린답니다. 그래서 사람들이 유추프라카치아를 '결벽증의 식물'이라 부르기도 하지요.

어느 날, 이러한 현상을 확인하기 위해 식물학자들이 연구를 하게 되었습니다. 그러나 너무나 예민한 특성으로 연구 기간 동안 수많은 유추프라카치아가 말라 죽고 말았지요. 그렇게 수많은 실패 후, 마침내 놀라운 결과를 얻게 되었답니다. 그것은 한 번 만진 사람이 계속하여 애정을 가지고 어루만져주면 죽지 않고 살아난다는 사실이었습니다. 결국 유추프라카치아는 예민한 결벽증의 식물이 아니라 주변의 관심과 사랑을 기다리는 '애정결핍증 식물'이었던 것입니다.

우리 주위에는 이렇게 유추프라카치아와 같은 애정결핍의 사람들이 많이 있습니다. 2007년도 통계에 따르면 우리나라 노인 자살률이 지난 10년 사이 3.5배나 증가했다고 합니다. 이렇듯 애정 어린 손길이 필요한 약자들이 지금도 우리 주위에는 많습니다. 가정이나 사회, 직장, 학교, 군대 등 사람이 있는 곳이면 어디에서든 우리의 따스한 배려를 애타게 기다리고 있는 것입니다.

우리가 리더가 되고 한 조직의 지도자가 된다는 것은 구성원 모두의 공통된 선善을 실현하는 것이지요. 세계 역사를 들여다보면 각 시대의 지도자들은 주위의 약자를 무관심 속에 내버려두지 않았습니다. 그 이유는 약자를 보호하고 그들을 관심과 따뜻함으로 받아들일 때 진정 사회가 역동적인 조직으로 변화하는 것을 잘 알고 있었기 때문이지요.

20

웃을 줄 아는 리더가 돼라

"웃음이 드문 곳에서는 절대 일하지 말라. 웃지 않는 리더를 위해 일하지 말라."

경영의 구루Guru 톰 피터스Tom Peters가 한 말입니다. 웃음이 없는 리더가 이 말을 들었다면 "톰 피터스가 쓸데없는 소릴 지껄였군!" 하면서 못 들은 척했을 것입니다.

21세기는 문화의 시대입니다. 문화의 시대에는 '3F'라는 세 가지 키워드가 있습니다. 3F는 여성Female, 감성Feeling, 즐거움Fun을 말합니다. 이 세 가지 키워드는 21세기 경영에서 모두 중요한 요소입니다. 최근 들어 '즐거움, 웃음, 유머' 이런 테마들이 리더십의 매우 중요한 코드로 떠오른 이유가 바로 이 때문입니다.

저도 원래 유머감각이 좋은 사람은 아니었습니다. 그러나 지휘관으로서 조직을 이끌다 보니 아랫사람과 좋은 관계를 유지하려면 웃음이 있는 사람이 훨씬 유리하다는 것을 체험을 통해 깨달았습니다. 웃음이 있는 사람은 상대의 긴장을 쉽게 풀어주기 때문에 그의 마음을 생각보다 빠르게 열 수 있습니다. 내가 원하는 대로 일을 실행하는 데 이보다 강력한 무기가 없다는 것을 알게 되었지요. 그래서 젊은 친구들이 재미있어 하는 코미디, 개그 프로그램을 챙겨보면서 관심을 기울이곤 했습니다.

'펀 경영의 원조'로 불리는 미국의 사우스웨스트Southwest 항공사는 다음과 같은 기내 방송 멘트로 유명합니다.

"기내에서는 금연입니다. 흡연하실 분은 문을 열고 밖으로 나가 날개 위에서 맘껏 피우세요. 오늘 흡연하면서 감상할 영화는 〈바람과 함께 사라지다〉입니다."

이 회사의 경쟁력이 어디서 나오는지 잘 아시겠죠? 사우스웨스트 항공사의 성공 요인을 분석한 『사우스웨스트 방식』이라는 책에서는 이 회사의 핵심 경쟁력을 '펀 경영'에 기초한 '인간 신뢰 중심의 경영'이라고 평가했습니다. 실제로 사우스웨스트 항공사는 최근 30여 년 동안 연속 흑자를 내면서 연평균 10~15퍼센트씩 성장하는 놀라운 실적을 보였습니다. 여기에는 직원들의 숨은 노력이 있었습니다. 다른 항공사보다 월등한 항공기 정시 이착륙률, 낮은 짐 분실률, 높은 고객만족도 등의 노력은 경쟁사보다 직무만족도가 훨씬 높기 때문에 나타난 결과였습니다. 이 회사의 CEO 허브 켈 러허Herbert D. Kelleher는 "일은 재미있어야 한다."는 경영철학으로 펀 경영을 생활 속에서 실천하고 있었습니다. 가끔 출근할 때 토끼 모양의 분장을 하고 엘리베이터에서 직원들을 웃기는가 하면 직원 채용 면접 때 유머감각을 중요 평가기준으로 삼는다고 하더군요.

웃음은 사람을 건강하게 만듭니다. 한 번 웃으면 신체의 650개 근육 중 231개, 얼굴 근육 80개 중 15개가 움직여 에어로빅을 5분 동안 하는 효과가 있다고 합니다. 『웃음 다이어트』의 저자인 케이티 남레보는 웃음으로 5개월에 15킬로그램을 감량했습니다. 그는 "하루에 한 번, 30초에서 5분간 열 번씩 웃으면 식탐이 없어지고 운동 욕구가 생긴다."고 말했습니다.

웃음은 집중력을 향상시킵니다. 보편적으로 어린이는 7분, 중 · 고등학생은 10분, 성인들은 15분 이상 집중하기 힘들다고 하는데, 같은 나이대의 사람이라도 잘 웃는 사람의 집중력이 높다고 합니다. 특히, 웃으면 머리에 산소 공급이 2배로 증가하고 알파파α-wave도 늘어나서 자신감과 집중력이 생길 뿐만 아니라 기억력도 높아진다고 하네요. 웃음에는 진통효과도 있는데, 한 번 크게 웃을 때마다 머리의 전두엽에서 엔도르핀Endorphin과 엔케팔린Enkephalin 성분이 나와서 그렇다고 합니다. 엔도르핀은 모르핀보다 200배 강하고, 엔케팔린은 300배 강하다고 하네요.

웃음은 폐에도 영향을 미칩니다. 웃을 때는 폐의 신경조직이 이완되어 폐 속 깊은 곳까지 산소가 공급됩니다. 자연히 나쁜 공기가 배출되면서 호흡기관은 깨끗한 공기를 받아들여 전신에 순환시킵니다. 아울러 크게 웃으면 심리적 안정과 내장운동, 전신운동의 활성화를 통해 소화가 잘 이루어지며, 스트레스 호르몬이 억제되고 혈압과 혈당이 정상치로 유지되고, 혈액순환도 원활해진다고 합니다.

그래서 이런 생각을 해보았습니다.

'웃음이 신체뿐 아니라 조직을 튼튼하게 할 수 있을까?'

모든 조직의 관리자들은 조직과 개인이 불협화음을 내지 않고 조화롭게 굴러가게 하기 위한 윤활유 역할을 해야 합니다. 그러기 위해선 가장 신경 써야 할 부분이 조직 내 인간관계일 것입니다. 세계적인 동기부여 연구가 브라이언트 레이시Brian Tracy는 성공의 85퍼센트는 인간관계에 달렸다고 말했습니다. 그리고 훌륭한 인간관계를 만드는 핵심은 바로 웃음이라고 언급했습니다.

사실 조직문화가 근엄한 상황에서는 웃고 싶어도 쉽게 웃을 수 없습니다. 웃음이 많으면 실없는 사람으로 평가받기 때문에 웃음을 감출 수밖에 없었지요. 하지만 앞으로는 달라질 것입니다. 웃음이 있는 조직이 없는 조직보다 경쟁력에서 한 발 앞서갈 것이니까요.

리더를 꿈꾸는 젊은이에게

사람들을 웃게 만드는 사람은

자석처럼 사람들을 끌어당깁니다.

무슨 일을 하든지

다른 사람들의 협력과 지지를 쉽게 얻어 냅니다.

그래서 그들은 리더가 되고

성공할 가능성도 높아집니다.

21

부드러움이 강함을 이긴다

리더십을 연구하다보면 요즘 텔레비전에 자주 나오는 두 사람, 유재석과 강호동이 다르게 보입니다. 1990년대 후반까지만 해도 방송 시장에서 영향력이 미미했지만 지금은 이 두 사람 덕에 쇼 버라이어티 프로그램이 가장 인기 있고 유망한 장르로 자리 잡았지요.

저는 그 두 사람이 닮았다고 생각합니다. 물론 겉으로 보이는 이미지는 서로 다르지만, 그들의 승부지점은 같다고 봅니다. 두 사람 다 '부드러움'으로 승부하고 있는 것입니다. "유재석이 부드럽다고 하면 말이 되지만, 강호동이 부드럽다고? 그는 천하장사 출신의 파워와 터프함으로 승부하는 사람 아닌가?"

이런 의문이 들지 모릅니다. 하지만 제 시각은 좀 다릅니다. 유재석은 겉은 부드럽지만 속은 강한 외유내강형이고, 강호동은 겉은 강해 보이지만 속은 부드러운 내유외강형이기 때문입니다.

유재석이 상대에 대한 배려심과 사려가 깊고 편안하게 진행을 잘해서 국민MC가 된 것은 누구나 아는 사실입니다. 그는 좌중을 압도하는 카리스마를 포기하는 대신 한 걸음 물러서서 각양각색의 캐릭터를 가진 출연자들이 충돌할 때 윤활유처럼 부드럽게 서로를 조율해주는 역할을 선택했지요. 방송 중의 유재석을 잘 살펴보면 등을 꼿꼿이 세우고 목에 힘을 주고 서 있기보다는 살짝 고개를 앞으로 내민 채 언제나 시시각각 상대의 말을 받아들일 수 있는 자세를 취하고 있다는 것을 알 수 있습니다. 그런 부드러움 때문에 유재석은 출연자들이 가장 함께하고 싶은 MC로 자리 잡았습니다.

하지만 유재석이 부드럽다는 이유 하나만으로 수많은 연예인들이 그와 같이 일하고 싶어 하는 것은 아닙니다. 같이 일했던 프로듀서는 "마냥 양보하고 남의 이야기를 경청하다가도 자신의 의사를 주장할 때는 확고한 태도를 보이는 게 유재석이다."라고 말했습니다.

반면에 강호동은 씨름선수 출신으로 힘과 카리스마가 강한 캐릭터입니다. 그를 최고의 MC 자리에 오르게 한 토크쇼 프로그램들을 보면 어쩜 저렇게 출연자를 몰아붙일 수 있을까 하는 생각이 들 정도로 강호동은 부드러움과는 거리가 먼 캐릭터이지요. 그리고 그 때문에 연예계 데뷔 후 한동안은 큰 조명을 받지 못했습니다. 강한 인상과 억센 사투리 억양은 대중들에게 그다지 친밀감을 주진 못했습니다.

하지만 강호동은 '오버'라는 리액션을 통해 자신의 숨겨진 부드러움을 조금씩 보여주기 시작했습니다. 그리고 그 순간부터 그의 인기는 수직 상승했습니다. 스스로를 희화화하기를 주저하지 않고 귀여운 표정으로 떼를 쓰는 모습은 그의 짧은 스포츠머리와 대비되며 새로운 매력으로 다가왔지요. 가끔 궁지에 몰리면 완력을 과시하며 타고난 무게감을 숨기지 않으면서도, 때로는 덩치 큰 막냇동생처럼 '쉬운' 이미지로 상대방이 부드럽게 다가설 수 있는 캐릭터로 변신한 것입니다.

우스갯소리로 요즘 뜨는 예능인들은 소위 '강호동 라인' 아니면 '유재석 라인'이라고 이야기들 합니다. 사실 여부를 떠나서 우리가 반드시 알아야 할 것은 부드러운 사람 주변에는 항상 사람이 모인다는 점이지요. 외유내강이든 내유외강이든 자기 고집이 심한 외골수보다는 언제든 부드럽게 대처할 수 있고 누구와도 융화될 수 있는 부드러움을 가진 사람이 인망人望을 얻을 수 있습니다. 앞으로 리더의 모습에는 바깥쪽에 있든 안쪽에 있든 이런 부드러움이 있어야만 합니다.

22

돈으로 해결할 수 없는 일

어느 탁아소에서 흥미로운 실험이 이루어졌습니다. 아이들을 제 시간에 데려가지 않는 부모들 때문에 골머리를 앓던 탁아소 측은 아이를 늦게 데려가는 부모에게 벌금을 내도록 했지요. 그런데 놀랍게도 이런 결정을 내리자 제 시간에 아이를 데려가지 않는 부모가 두 배 가까이 늘어났습니다. 부모들은 벌금을 내는 대신 그동안 느껴왔던 죄책감을 덜 수 있었기 때문입니다. 처음에는 늦을 때마다 미안한 표정으로 어쩔 줄 몰라 고개 숙이던 부모들도 벌금을 내고부터는 전혀 미안해하지 않고 떳

떳한 모습으로 아이들을 데려갔습니다.

비슷한 사례는 스티븐 레빗Steven David Levitt 교수가 쓴 『괴짜 경제학』에도 실려 있습니다. 1970년대 미국 정부는 헌혈을 장려하기 위해 헌혈자에게 약간의 돈을 지급하기로 결정했습니다. 그런데 오히려 그나마 있던 헌혈자들마저 급격히 줄었지요. 이전에 좋은 마음으로 헌혈에 참여했던 사람들은 '겨우 몇 달러 때문에 피를 뽑는다'는 소리를 들을까 봐 헌혈을 하지 않았던 것입니다. 정부는 결국 고육지책으로 헌혈의 대가로 지급하는 돈을 좀 더 늘였습니다. 그러나 헌혈 참여도는 조금밖에 늘지 않았던 반면 남의 피를 빼앗는 범죄는 늘었습니다.

레빗 교수는 이 같은 일이 생긴 원인을 다음과 같이 설명했습니다. 사람들로 하여금 어떤 일을 하도록 만드는 동기는 경제적, 사회적, 도덕적, 심리적인 것이 있는데, 보통 사람들은 경제적인 동기를 과도하게 평가하는 경향이 있다는 것이지요. 인센티브를 주거나 벌금을 부과하는 방식으로 문제를 해결할 수 있다고 믿지만 사람은 경제적인 이유로만 움직이지는 않는다는 겁니다. 그리고 한번 경제적인 방법으로 도덕적인 가치를 훼손하게 되면, 심리적인 동기를 다시 살려내는 것은 거의 불가능하다고 합니다.

"대한민국에서 돈으로 안 되는 일이 어디 있냐?"라면서 뭐든 돈으로 해결하려는 사람들이 많습니다. 물론 금전적인 것이나 물질적인 것으로 야기된 문제라면 돈으로 해결해야 하고, 또 그러는 것이 맞습니다. 그러나 레빗 교수가 이야기한 것처럼 도덕적이거나 심리적인 문제가 관련되어 있을 때는 돈만으로는 해결할 수 없습니다.

예를 들어 서로 다른 두 사람이 똑같이 심하게 다쳐서 병원에 입원했다고 가정해봅시다. 그런데 한 사람은 술집에서 옆 테이블에 있던 자에게 폭행을 당해서 다친 것이었고, 다른 한 사람은 교통사고로 인해 다친 것이었습니다. 두 경우 피해자가 똑같은 부상을 입었고 가해자가 똑같이 치료비 명목으로 합의금을 주었다면 어느 경우에 합의가 쉽게 될까요?

실제로 폭행사고와 교통사고를 비교해보면 폭행사고의 경우가 쉽게 합의를 하지 못하는 수가 많습니다. 여러 가지 이유가 있겠지만 가장 큰 이유는 피해자가 가해자로부터 '물리적인 상처'뿐만 아니라 '정신적 상처'도 입었기 때문이겠지요. 물리적인 상처는 돈으로 해결할 수 있지만 정신적인 상처는 돈으로 해결하기 쉽지 않습니다. 교통사고의 경우에도 쉽게 합의하지 못하는 것은 음주나 뺑소니 등으로 도덕적인 충격을 주었거나, 합의 과정에서 진심어린 사과를 하지 않고 심리적인 상처를 주었기 때문입니다. 가벼운 접촉사고여서 쉽게 넘어갈 일도 상대방이 대뜸 "얼마면 돼요?", "보험처리 하죠.", "(명함을 주며) 바쁘니까 이쪽으로 연락하세요."라고 말한다면 오히려 일이 꼬이게 됩니다. 이는 피해자가 상대방의 몰상식한 행동 때문에 심리적인 상처를 입었기 때문이지요.

우리는 주변에서 의외로 이러한 몰상식한 행동을 하는 리더를 종종 볼 수 있습니다. 그저 '연봉만 많이 주면 되겠지'라고 생각해서 직원들의 복지나 근무 환경에는 아무 관심이 없는 리더도 있고, 사업을 진행하며 겪게 되는 마찰을 돈으로만 무마하려는 리더도 있습니다.

어떤 문제에 있어서는 돈이 편리하고 확실한 해결 방법이 되기도 하지만 한번 돈으로 입은 심리적인 상처는 돈만으로는 해결될 수 없습니다. 그래서 리더는 항상 문제를 해결하기에 앞서 이 문제가 정말 돈으로 해결할 수 있는 문제인지를 먼저 생각해보아야 합니다.

현실적으로 '돈만으로 해결할 수 있는 일이 참 많다'는 말을 부정할 수는 없지만, 돈을 들이지 않고도 해결할 수 있는 일들이 세상에는 더욱 많다는 것을 잊지 않기를 바랍니다.

리더를 꿈꾸는 젊은이에게

어떤 문제에 있어서는

돈이 편리하고 확실한 해결 방법이 되기도 하지만

한번 돈으로 입은 심리적인 상처는

돈만으로 해결될 수 없습니다.

그래서 리더는 항상 문제를 해결하기에 앞서

이 문제가 돈으로 해결할 수 있는 문제인지를

먼저 생각해 보아야 합니다.

23

'책임감 분산'을 없애려면

중국 송나라 때의 역사서 『송사宋史』에 이런 말이 나옵니다.

"의인불용 용인불의疑人不用 用人不疑."

'믿지 못할 사람은 쓰지 말 것이며, 일단 쓴 사람은 의심하지 말고 믿으라.'는 뜻입니다. 이 말은 많은 기업인들이 모토로 삼을 만큼 리더의 자리에 있는 사람에게 귀감이 되는 말이지요. 의심 많은 리더는 부하직원에게 일을 맡긴 뒤에도 하루 종일 그 일이 잘되고 있나 감시하고, 또 사사건건 감 놔라 대추 놔라 하며 지나치게 관여합니다.

물론 리더의 입장에서는 그것이 간섭이 아니라 일종의 '코칭'이나 '어시스트'라고 생각합니다. 백지장도 맞들면 낫다는 말처럼 혼자 할 일을 옆에서 관심을 가지고 도와준다면 긍정적인 결과를 낳는다고 생각해서인지도 모릅니다. 더구나 옆에서 코치해주는 자가 실무 경험이 풍부하다면 일이 훨씬 빠르고 성공적으로 진행될 수 있다는 생각에 빠지기 쉽습니다. 그러나 리더십의 관점에서는 이것이 과연 얼마나 효과가 있는지 득과 실을 따져볼 필요가 있습니다.

1964년 키티 제노베스라는 여인이 뉴욕의 자기 집 근처에서 새벽 3시 30분경 강도에게 살해당한 일이 있었습니다. 사건 당시 그녀가 격렬하게 반항을 했기 때문에 살인극은 30분 넘게 계속되었고, 집 주변의 40가구가 그 소리를 들었습니다. 그런데 놀랍게도 어느 누구도 그녀를 구하거나 경찰에 신고하지 않았고, 그녀는 그 자리에서 싸늘하게 죽어 갔습니다. 이 사건은 곧 미국 전역에 충격을 일으켰고, 심리학자들은 그 이유에 대해 연구하기 시작했습니다.

1968년 대일리와 라탄은 집단 토론을 실시한다는 명목으로 대학생들을 모집해 각자 다른 방에 혼자 있게 하고 마이크와 헤드폰을 이용해 대화를 하게 했습니다. 피실험자들은 서로 목소리만 들을 수 있고 모습은 볼 수 없는 상태였지요. 실험은 두 명이 일대일 대화를 하게 하는 경우도 있었고, 네 명이 대화하는 경우와 일곱 명이 하는 경우도 있었습니다. 그런데 실험 도중 한 사람이 갑자기 "머리가 아파요…… 쓰러질 것 같아요." 라고 말하고는 조용해졌습니다. 사실 그 사람은 피실험자가 아니라 연구자들과 미리 짠 조교였지요.

물론 학생들은 이 사실을 몰랐고, 정말 그 사람이 쓰러진 것인지 아닌지 알 수 없었습니다. 이때 대화를 하고 있던 두 명(조교를 제외하고 한 명) 중 한 명일 때는 85퍼센트가 즉시 달려 나와 사고가 났음을 알렸습니다. 반면에 네 명(실제로 세 명)일 때는 62퍼센트가, 일곱 명일 때는 31퍼센트만 보고를 해왔습니다. 실험이 끝난 후 보고를 하지 않은 학생들에게 조사자들이 물어본 결과, 그들은 "알려야 할지 말아야 할지 잘 몰랐지만 아마도 남들이 알릴 거라고 생각했다."라고 대답했습니다.

심리학자들은 이처럼 여럿이 서로 책임을 미루는 경우를 '책임감 분산'이라고 명명했습니다. 이는 사건에 관련된 사람이 많을수록 개인이 지는 책임의 양은 줄어듦을 말합니다. 조직 내에서 리더가 직원을 믿지 못하고 관여했을 때도 역시 직원이 가지는 책임감이 줄어들게 됩니다. 직원에게 일을 맡기고도 믿지 못해서 왈가왈부하거나, 다른 인원을 붙여줄 테니 함께 고민해보라고 하는 것도 그 사람이 맡고 있는 일의 책임감을 반감시키는 것이지요. 그런 말을 들은 직원은 '어차피 내가 열심히 해가도 위에 올라가면 다 고쳐질 텐데 뭐', '나 말고 김 대리님이 알아서 잘하시겠지'라고 생각하며 최선의 노력을 기울이지 않을 것입니다.

따라서 리더는 아랫사람이 혼자서 일을 처리하게 되었을 때는 불가피한 상황이 아니라면 절대 끼어들지 않아야 합니다. 그를 믿고 존중하는 모습을 보여주고 그만이 그 일을 할 수 있다고 생각하게끔 만들어주어야 합니다. 그의 능력보다 한 단계 어려운 일을 맡기고도 전폭적인 지지와 신뢰를 주는 것은 날개를 달아주는 일이 됩니다. 그가 만약 일을 성공한다면 리더는 능력 있는 직원을 얻고, 실패한다 해도 리더가 보여준 믿음에 감동하여 충성을 다하는 직원을 얻을 수 있을 테니까요.

24

권한을 나누는 지혜

"말단 수병부터 제독에 이르기까지 모든 장병은 스스로 '결정Decision'할 줄 알아야 한다. 어떤 장병이든 언젠가는 자기 조직의 최고 지위에 오르게 마련이며, 스스로 결정해야 하는 상황에 직면하게 된다. 그런데 결정권이 최고위 소수에게 집중된 나머지 그간 충분히 결정해보는 경험을 쌓을 수 없었다면, 서투르고 부적절한 결정을 내릴 가능성이 매우 높다. 게다가 장병들에게 아무런 결정 권한이 없다면 즉시 행동해야 하는 위급한 순간에도 '결정권자인 상관을 모셔 와야 한다'라는 말만 하는 무책임한 장병을 양산하게 된다." 이 말은 미 해군 역사상 가장 유능한 참모총장이었던 알 레이 버크 제독Admiral Arleigh Burke이 한 말입니다. 오랜 기간 조직의 수장으로 일해 오며 저 역시 이 말에 절실히 공감할 때가 많았습니다.

그런데 군 조직뿐만 아니라 사회의 모든 조직에서 결정권은 소수에게 집중되어 있습니다. 물론 경험이 풍부한 상관이 직접 결정을 내리는 편이 더 좋을 수도 있지만 이는 부하가 성장할 기회를 빼앗기도 합니다. 이러한 배경에서 성장한 부하들은 중요한 순간에 올바른 결정을 내릴 수 있을 만큼 충분한 경험을 쌓지 못하게 되겠지요.

어떠한 조직에서든지 항상 명심해야 할 점은 조직의 미래를 책임질 구성원을 성장시키는 것입니다. 그들에게 충분한 권한을 위임하지 않는다면 그들의 능력과 책임감은 떨어지고, 더 높은 계급에서 일할 준비를 갖추지 못하게 됩니다. 그래서 리더는 자신이 가지고 있는 권한을 위임하여 부하들에게 '결정'의 기회를 제공해야 합니다.

그런데 많은 리더들이 자신의 권한을 구성원들에게 위임하는 것을 두려워합니다. 권한을 다른 사람에게 주고 나면 그만큼 줄어드는 한정적인 것으로 생각하기 때문이지요. 하지만 권한 위임이란 한정된 권한을 쪼개는 것이 아니라 권한을 공유함으로써 오히려 영향력을 늘여가는 것이지요. 워터게이트 사건으로 인해 도중하차한 미국의 닉슨 대통령은 어떻게든 많은 권력을 독점하여 행사하려고 했습니다. 하지만 부하들이 가질 수 있는 권한을 제한할수록 오히려 그의 통제력은 점점 약해졌지요. 권한은 강화하려고 할수록 오히려 약화되고, 반대로 양도하고 위임할수록 더 많은 권력과 영향력을 얻게 된다는 것을 리더는 기억해야 합니다.

권한을 위임하는 데는 세 가지 주안점이 필요합니다. 맨 먼저, 권한 위임에 앞서 정보의 공유와 제공이 필요하지요. 그도 그럴 것이 무엇을 알아야 결정을 내릴 것 아니겠어요? 정보 없이는 중요한 사업 결정을 내릴 수 없습니다. 실제로 조직에서 보통의 구성원들이 가지고 있는 정보는 매우 빈약한 것이지요. 한 가지 사업에 관련한 의사 결정 과정의 피라미드 계열에서 아래쪽으로 내려갈수록 그들이 가지는 관련 정보의 양과 질의 수준은 현저하게 낮아지는 게 당연합니다. 한편, 사람들은 본능적으로 남들이 모르는 비밀에 솔깃합니다. 흔히 "이건 아무도 모르는 이야기인데……", "이건 우리 회사 기밀인

데……"라고 이야기하면 더 흥미를 가지고 집중해서 듣게 됩니다. 영화 〈트루라이즈〉에도 보면 이런 효과가 잘 나타나 있지요. 한 남자 사기꾼은 여성들에게 자신이 첩보원이라고 거짓말을 해서 가짜 비밀이나 무용담을 늘어놓으며 그녀들의 환심을 삽니다.

이처럼 사람들은 자신이 그 일에 관한 특별한 정보를 알고 있다고 생각할 때 더 적극적이고 주도적으로 참여하게 됩니다. 만약 그 정보가 자신이 접근할 수 없는 기밀 정보라면 그는 당신이 그를 전적으로 신뢰하고 있다고 생각하게 되지요. 오직 정보를 가진 사람들만이 결정을 감행할 필요성을 느낍니다. 권한을 위임하기 전에 리더는 먼저 그것에 관련된 정보를 충분히 제공해야 합니다.

다음으로, 권한을 위임할 때는 개인보다 팀을 조성해서 위임하는 것이 좋습니다. 똑같은 권한을 위임받았다 하더라도 개인보다는 팀이 훨씬 더 큰 능력을 발휘할 수 있기 때문이죠. 또한 권한을 위임한다는 것은 그 자체로 보수적 시스템에서 소수에게 배분되어 있던 권한을 더 많은 사람에게 이양하는 것을 의미합니다. 개인에게 권한을 위임하는 것은 또 다른 특권자를 만드는 것 이상의 의미를 지니지 못하거든요.

또한 높은 수준의 의사결정이라고 해서 리더 혼자서 결정하는 것은 피해야 합니다. 구성원들이 팀을 이루어 더 높은 수준의 의사결정을 내리게 하는 것은 장차 그들이 최고 결정권자가 되어 의사결정 회의를 할 때 도움이 될 수 있는 기술과 경험을 습득하게 해주기 때문이지요. 개인에게 자신의 능력보다 큰 권한을 위임한다면 포기하거나 실패할 확률이 높지만 팀에게 맡기면 서로 협력해서 성공적으로 일을 마무리할 가능성이 높아지지요.

마지막으로 권한 위임을 받은 대상에게 리더는 최대한의 자율성을 보장해야 합니다. 자율성을 보장하는 것은 구성원의 책임감을 키워주지요. 일에 파생되어 생길 수 있는 추가적인 권한의 위임에도 리더는 적극적인 지원을 해야 합니다. 괜히 그들 주변에서 서성이거나 간섭을 하고 있다는 생각이 들게 만들면 곤란합니다. 그렇다고 해서 권한 위임이라는 명목하에 모든 일을 구성원에게 맡기고 내버려두라는 뜻은 아닙니다. 진정한 권한 위임이란 리더가 구성원들을 믿고 맡기는 동시에 일의 상황을 파악하면서 필요할 때 적절한 도움을 주는 것이지요.

리더가 구성원에게 권한을 위임하는 것은 스포츠 게임에서 감독이 선수들을 대하는 것과 비슷합니다. 감독은 선수에게 지시를 내리지만 경기장에서 실질적으로 판단하고 결정을 내리는 것은 선수들이거든요. 시시각각 달라지는 상황 속에서 선수들이 자율적으로 내리는 결정에 일일이 간섭하고 시비를 논한다면 선수는 감독을 신뢰할 수 없을 뿐 아니라 제대로 된 경기를 진행할 수 없겠지요. 그렇다고 해서 감독이 아예 선수들의 상황은 뒷전에 두고 벤치에서 신문만 읽고 있어서도 안 되는 것처럼 리더는 언제나 구성원들의 구원 요청을 받아줄 준비가 되어 있어야 합니다.

한 명의 탁월한 리더가 모든 권한을 독점하던 방식이 효과를 거두던 시대는 끝났습니다. 조직이 커지고 수많은 정보와 변수들에 둘러싸인 환경에서 모든 것을 리더 혼자 해낼 수 없기 때문이죠. 권한 위임이 리더십의 중요한 코드가 된 것은 이제 누구도 혼자서는 안 되기 때문입니다. 혼자서는 안 되니까 나누는 것이고, 나누는 방식에 지혜가 필요한 것입니다.

25

비전을 공유하는 방법

"만일 당신이 배를 만들고 싶다면 사람들을 불러 모아 목재를 가져오게 하지 말라. 일을 지시하거나 일감을 나눠주는 일도 하지 말라. 대신 그들에게 저 넓고 끝없는 바다에 대한 동경심을 키워줘라."

이 말은 『어린 왕자』로 유명한 생텍쥐페리가 한 이야기입니다. 그는 거대 조직이 없던 20세기 초반을 살다 갔지만 조직 경영에서 리더가 가져야 할 핵심을 정확하게 꿰뚫고 있었습니다. 대가大家는 역시 다르다는 생각이 듭니다.

두세 명이 모여 일을 하면 필요한 것들을 서로 부탁하면서 그때그때 생기는 문제를 해결할 수 있습니다. 하지만 큰 조직의 리더는 수없이 지시를 내리고 자신이 내리는 의사결정에 대해 끊임없이 회의를 해야 합니다. 또한 구성원들에게 일일이 상황에 맞는 임무를 부여하려면 많은 중간 관리자가 필요하고, 조직의 관리 비용은 차츰 증가하며, 사소한 일을 처리하는 시간도 늦어집니다.

이런 거대 조직 특유의 문제를 감소시키는 방법은 의외로 간단합니다. 생텍쥐페리가 말한 것처럼 구성원들에게 이상에 대한 동경심을 키워주는 것이지요. 리더는 자신이 설정한 명확한 비전을 조직의 구성원들과 밑바닥까지 공유해야 합니다. 조직의 현재 상황에 바탕을 둔 명확하고 구체적인 비전을 통해, 구성원들은 미래에 대한 꿈과 희망을 키우고 자신이 할 일이 무엇인지 스스로 생각해보게 됩니다. 비전은 미래에 대한 전망을 구성원들에게 제시하여 그들이 왜 이 자리에서 열심히 노력해야 하는지 알려주는 구실을 하지요.

조직 내에 비전을 전파하고 공유하는 것은 적극적인 실천의 동기가 될 뿐만 아니라 조직 내에서 가치판단을 하는 기준이 됩니다. 여러 의사 선택의 기로에 서 있을 때 '어떤 기준으로 결정을 내려야 할까?'라는 고민은 신속한 판단을 어렵게 만들어 조직의 성장을 저해하는 요인이 되지요. 신속한 판단이 필요한 상황에서 '아냐, 당신 생각은 틀렸어', '처음부터 다시 생각하자' 식의 갑론을박으로 며칠을 허비한다면 참 답답한 노릇이겠지요.

조직의 비전이 명확히 정립되어 있다면 중요한 의사결정의 순간에 판단의 기준이 될 수 있습니다. 여러 현실적 · 도덕적 관점과 상호관계가 얽혀 있더라도 '과연 이것이 조직이 추구하는 비전에 부합하는가?'를 생각해보면 의외로 쉽게 결단을 내릴 수 있습니다. 어떠한 의사결정이라도 손해를 감수해야 하는 부분이 생기게 마련이니까요. 상대적으로 손해를 입는 사람에게도 다른 방법으로 설득하기보다는 조직의 미래와 비전을 제시하면서 스스로 고통을 감내하도록 이끌어주는 것이 가장 설득력 있는 방법이겠죠.

하지만 구성원들에게 비전을 효과적으로 이해시키고 리더가 설정한 비전대로 그들을 이끌기란 쉬운 일이 아닙니다. 제가 군 생활을 하며 보았던 한 장교는 매우 유능한 사람이었습니다. 현실에 대한 분석 능력도 뛰어났으며 향후 미래에 나타날 변화에 대한 전망 능력도 탁월했어요. 그는 지금은 불필요하다고 생각되는 일이지만 향후 1년 혹은 10년을 생각하면 반드시 필요한 일들을 나름대로 구상하고 있었고, 마침내 그것을 실행할 수 있는 리더의 자리에 오르게 되었지요. 하지만 그가 막상 그 일들을 구성원들에게 제안하고 지시했을 때 능동적으로 참여하는 사람은 별로 없었습니다. 모두가 마지못해 따라하는 시늉만 할 뿐이었습니다. 그는 당연히 큰 실적을 남기지 못했고 구성원들의 불만만 쌓인 채 일은 마무리되었습니다. 분명 그가 제시한 기획들은 획기적이었고, 오랜 실무 경험을 통해서만 얻을 수 있는 노하우가 묻어나는 훌륭한 것이었습니다. 하지만 그는 결과적으로 그의 비전을 구성원들에게 전달하는 데 실패했습니다. 그의 비전은 베테랑인 그의 눈에만 좋은 기획이었지, 구성원들이 보기에는 귀찮은 일로만 여겨졌기 때문입니다.

비전을 제시할 때는 먼저 1단계로 설득의 과정이 필요합니다. 그러려면 먼저 구성원들 곁으로 다가가야 합니다. 거리감이 느껴지는 사람이 하는 말이라면 내용이 아무리 좋아도 꺼려지는 것이 사람의 심리지요. 이 과정에서 앞서 이야기한 리더로서의 여러 가지 조건들이 필요합니다. 그 조건들을 갖춰야 구성원들에게 신뢰받을 수 있습니다. 리더에 대한 신뢰가 없이는 비전의 전달은 그 자체가 불가능합니다. 구성원들은 비전을 따르기 이전에 리더를 먼저 따르기 때문입니다.

구성원들이 리더를 받아들일 준비가 되었다면 2단계를 실행해도 좋습니다. 2단계는 구성원들이 모두 리더가 보는 것을 함께 볼 수 있도록 자신의 내부로 끌어들이는 것입니다. 존 맥스웰John Maxwell의 『리더십의 법칙』에는 이런 구절이 나옵니다.

"위대한 선생은 그의 비전을 설명하기 위해 아무 노력도 하지 않는다. 그는 단지 사람들을 자기 곁에 서게 하고, 그들 자신이 볼 수 있도록 초청할 뿐이다."

제가 지금 하려는 이야기와 관점은 조금 다르지만 한 가지 측면에서는 크게 공감이 됩니다. 바로 위대한 리더는 비전을 직접적으로 설명하기 위해 전전긍긍하는 것이 아니라, 단지 사람들을 심리적·정서적으로 자신의 곁에 있도록 만든다는 것이지요. 이는 곧 다른 구성원들이 모두 리더가 보는 미래를 함께 볼 수 있도록 만드는 것을 말합니다.

앞서 언급한 장교가 리더로서 실패한 까닭은 자신이 본 가능성을 다른 사람들에게 이해시키지 못했기 때문입니다. 내셔널금전등록기NCR 사의 창립자인 존 패터슨John H. Patterson은 "사업을 성공시키려면 반드시 다른 이들도 나와 같은 안목으로 사물을 볼 수 있게 해야 한다."고 말했습니다. 리더라면 이 말을 기억해야 할 것입니다.

마지막으로 비전을 제시하는 3단계는 조직의 비전과 구성원 개인의 비전 사이에 다리를 놓는 것입니다. 1단계를 통해 리더의 목소리에 귀를 기울이게 만들고, 2단계를 통해 리더의 비전을 알아볼 수 있는 안목을 키워줬다면, 3단계는 본격적으로 비전을 이해할 수 있게 만드는 것이지요.

사회 조직이 아무리 친밀하다 해도 가족처럼 헌신적이고 이타적인 관계가 될 수는 없습니다. 그래서 아주 멋진 비전이라고 해도 내 발전에 아무런 도움이 되지 않는다고 생각하면 선뜻 함께하지 못합니다. 기업과 같은 조직은 내가 원한다고 평생 있을 수 있는 곳이 아니기 때문이지요.

따라서 리더는 앞서 이야기한 것처럼 구성원들이 원하는 것들을 얻을 수 있도록 도와줄 수 있어야 합니다. 조직의 비전이 단지 찬란한 조직의 미래를 보장하는 것으로 끝나서는 안 되는 이유이기도 합니다. 조직의 비전이 구성원들이 원하는 것을 성취하고 자기 계발을 하는 데 큰 도움을 준다는 생각을 구성원 모두 할 수 있도록 만드는 것이 리더가 할 일입니다. 제가 좋아하는 시 한 편을 소개하겠습니다.

> 꿈은 나누어야 이루어지기 시작한다.
> 꿈의 파장은 우리의 가슴에서
> 다른 사람의 가슴까지 전달된다.
> 꿈이 있는 사람과 함께하면
> 꿈이 전달된다. 꿈이 생긴다.
> 꿈은 삶을 변화시키고 사랑은 세상을 변화시킨다.
> 사랑은 꿈을 만들어 주고 그 꿈을 쌓아간다.
>
> —〈사랑하니까〉, 용혜원

여기서 '꿈'을 '비전'과 바꾸어서 생각해도 별 무리 없이 해석될 수 있을 것 같습니다. 비전이 있는 사람과 함께하면 내게도 비전이 전달되고, 다시 새로운 비전이 우리 가슴속에 생기지요. 그래서 리더는 자신의 비전을 구성원들과 나누어서 모든 구성원들의 가슴에 비전이 생길 수 있도록 해야 합니다. 리더를 꿈꾸는 분들은 이 시를 꼭 기억하셨으면 좋겠습니다.

3부

따뜻한 가슴을 가져라

26

비판은 내 입으로, 칭찬은 남을 통해

세상에서 가장 뻔뻔한 사람은 어떤 사람일까요? 저는 잘못을 저지르고도 자신의 책임이 아니라고 발뺌하는 사람이라고 생각합니다. 하지만 그보다 더 우스운 사람은 자신의 잘못이 아니라고 발뺌하다가 슬금슬금 자신의 잘못을 인정하는 사람입니다. 세상에 비밀은 없지요. 그러다 보니 가장 뻔뻔한 사람은 대개 가장 우스운 사람이 돼버립니다. 결국 밝혀질 일이라면 사건이 터지는 즉시 숨기지 않고 자신의 모든 잘못을 한꺼번에 인정하고 고백하는 게 가장 현명한 방법입니다. 그래야 사람들이 조금이라도 너그럽게 받아들이고 사건도 빨리 마무리되거든요.

그런데 우리가 흔히 하는 실수는 자신의 잘못을 조금씩 나누어서 말하는 것입니다. 한꺼번에 말하면 충격을 받을까 봐, 혹은 크게 화낼까봐 조금씩 나누어서 이야기하는 것이겠지만, 받아들이는 사람은 도리어 더 큰 배신감을 느끼게 됩니다. 실제로 유럽이나 미국의 대기업들은 대형사고가 발생했을 때 문제를 해결하기 위한 첫 번째 원칙으로 "숨기면 작은 것도 커지고, 밝히면 큰 것도 작아진다."를 세우고 있습니다.

모 기업 회장이 아들과 싸운 사람을 찾아가 보복 폭행을 한 사건이 있었습니다. 처음 사건이 알려졌을 때 그는 전혀 모르는 일이라고 부인했지만, 며칠 후 세간의 이목이 집중 되자 "사건 현장에 있기는 했지만 때리진 않았다"고 주장했지요. 그러다 사실이 밝혀지자 "때리긴 했지만 납치를 하지는 않았다"며 애매한 모습을 보였습니다. 사건이 마무리되고 처벌이 끝난 후에도 이 일은 사람들의 입방아에 오르내렸습니다.

만약 그가 잘못을 저지르자마자 모든 진실을 이야기하고 잘못을 뉘우치는 모습을 보여주었다면 어떻게 되었을까요? 자식에게라면 자신의 간이라도 빼주고 싶은 것이 우리나라 사람들의 정서입니다. 공식적인 처벌과는 별개로, 그가 비록 잘못을 저지르기는 했지만 인간적이라는 동정을 받으며 그의 잘못 또한 금방 잊혔을지도 모릅니다. 그러나 스스로 인정한 것이 아니라 뉴스나 신문을 통해 하나씩 그의 잘못들이 밝혀진다면 사람들은 그 행동이 불가피한 것이었는지 정당한 것이었는지, 해서는 안 될 일이었는지 판단해보려고 하지도 않고 그저 그를 '물의를 일으킨 나쁜 사람'으로만 생각하게 되지요.

살다 보면 누구나 잘못을 저지를 수 있습니다. 그때마다 명심해야 할 점은 '비판은 내 입으로, 칭찬은 남의 입을 통해' 해야 한다는 점입니다. 내 입을 통해 잘못을 비판한다면 자신의 가치를 높이고 스스로도 조금은 떳떳해질 수 있습니다. 또한 자신의 능력이 뛰어날수록 스스로 잘못을 인정했을 때 더욱 정직하고 올곧은 사람으로 인식될 수 있습니다.

당장의 문제를 해결하기 위해 핑계를 대는 것은 쉽지요. 그렇기 때문에 리더들은 빈번히 핑계의 유혹에 빠져듭니다. 결정권자인 리더가 자신의 잘못을 부하직원의 조그만 실수 탓으로 돌리는 것은 커피 한 잔 타는 것만큼이나 쉽게 생각되기 때문입니다. 제가 몸담았던 여러 부대에서도 항상 자신의 잘못을 부서원들의 탓으로 은근슬쩍 떠넘기는 부서장들이 꼭 있었습니다. 그래서 부서원들은 비록 직접적으로 이야기하지는 않았지만 다른 사람들과 있는 자리에서 부서장의 그런 태도를 '뒷담화'하기 바빴지요. 그 부서장에 대한 소문은 점점 안 좋게 퍼져 나가 심지어 그를 잘 알지 못하는 사람들도 알게 되었고, 결국에 그는 부대 전체에 '무능력자', '파렴치한'으로 낙인찍히고 말았습니다.

사람이 아무 잘못도 없기란 쉬운 일이 아닙니다. 그리고 이미 저지른 잘못을 인정하기란 더욱 어렵지요. 하지만 힘든 일에는 무엇이든 그만한 대가가 따르게 되지요. 잘못을 인정하는 것이 잘못을 저지르지 않기보다 힘든 만큼 잘못을 인정하는 사람은 남에게 좋은 이미지로 각인될 수 있습니다. 잘못을 하나도 저지르지 않는 사람은 매사 너무 완벽해서 오히려 부담스럽고 다가서기 힘듭니다. 잘못을 저지르더라도 금방 인정하고 반성하는 사람을 사람들은 인간적이고 믿음직스럽고, 함께 하고픈 사람으로 생각하게 되겠지요. 그가 리더의 자리에 있는 사람이라면 더욱더 그러할 것입니다.

27

아랫사람의 마음을 헤아려라

평범한 동료였던 사람들이 어려운 상황을 함께 겪고 나면 놀랄 만큼 가까운 관계로 발전하는 경우를 볼 수 있습니다. "기쁨은 나누면 배가 되고 슬픔은 나누면 반이 된다"는 이유 때문일 것입니다. 그래서 "친구의 잔치에는 천천히 가지만 그가 불행을 당하면 빨리 찾아가라"는 말도 있습니다. 좋은 일보다는 나쁜 일이 마음속에 오래 남게 되는 것이 인생사이기 때문이죠. 그래서 기쁨을 두 배로 늘려준 사람보다 슬픔을 반으로 줄여준 사람이 마음속에 더욱 고맙게 각인됩니다. 누군가에게 기쁨을 나누고 싶은 사람과 슬픔을 나누고 싶은 사람은 일반적으로 다른 부류에 속합니다. 기쁨을 나누고 싶은 부류에는 겉으로는 친한 관계에 있는 것처럼 보이고 자신 역시 그런 착각을 하고 있지만, 정작 심리적인 유대감은 크지 않은 사람들이 많습니다. 또한 나와 동등하거나 혹은 나보다 부족하다고 생각되는 사람들이 대부분이지요. 이들에게 기쁜 일을 이야기하면 무의식중에 묘한 우월감을 느낄 수 있기 때문이지요. 반면에 슬픔을 나누고 싶은 사람은 나보다 우월한 존재, 내가 의지하고 싶은 존재입니다. 그들 중에는 내가 정말 친하게 생각하는 사람도 있고, 의외로 친분이 두텁지 않은 사람도 있습니다. 하지만 친분이 두텁지 않더라도 그들과의 심리적인 거리는 누구보다 가깝다고 할 수 있겠지요.

이 중에 누가 더 나와 가까운 사람, 혹은 내 삶에 소중한 사람인지 골라야 한다면 여러분은 누구를 택하겠습니까? 혹시 핸드폰 주소록을 열고 당신에게 경사가 생겼을 때 자랑하고 싶은 사람과, 어려운 일이 있을 때 함께 고민하고 싶은 사람의 목록을 작성해본 적이 있나요? 분명 자랑하고 싶은 사람의 목록에는 많은 사람이 있겠지만, 어려운 일을 함께 고민하고 싶은 사람들의 목록에는 몇 사람 없을 것입니다. 저 또한 그러합니다. 그래서 어려운 일을 함께 고민하고 싶은 사람들의 이름은 내가 가깝고 소중하게 생각하는 사람과 일치할 것입니다.

어느 영화에서 본 장면입니다. 아직은 여자 주인공과 남자 주인공이 그리 가까운 사이로 발전하지 못했는데, 어느 날 저녁, 여자가 남자에게 전화를 걸어 만나자고 했습니다. 여자가 기다리는 술집에 들어간 남자가 물었지요.

남 : 무슨 일이에요?
여 : 아무 일도 아니에요. 그냥 전화할 데가 없었어요…….
남 : (미소 짓는다)
여 : 왜 웃어요?
남 : 좋아서요. 그냥 연락한다는 거, 아무한테나 할 수 있는 거 아니잖아요.

여자가 그냥 연락했다고 했지만 그녀의 말투에서 그렇지 않다는 것을 알 수 있지요. 특히 우리나라 사람들은 힘든 일이 있을 때 막상 "나 힘들어, 좀 도와줘."라고 이야기를 못하는 습성이 있습니다. 남자도 그 사실을 알았을 것입니다. 그는 여자가 자신을 기대고 싶을 만큼 가깝게 생각하는 것을 알고 기분이 좋아졌을 것입니다.

리더는 구성원들의 어려움이나 슬픔, 불행을 함께 나누고 위로해줄 수 있어야 합니다. 힘든 시간을 보내고 있는 구성원들을 주의 깊게 살펴보고, 할 수 있는 모든 도움을 베풀 준비가 되어 있어야 합니다. 평소와 다르게 행동하거나 업무에 집중하지 못하는 구성원이 있다면 다그치기 위해 그에게 다가가기 전에 먼저 멀리서 그의 표정을 유심히 살펴야 합니다. 뭔가 고민하는 표정이라면 조용히 사적으로 불러내서 도와줄 것이 없는지 직접적으로 물어야 합니다. 구성원들 중에는 먼저 부탁을 꺼내기 힘들어 말하지 못하는 사람도 있을 것이고, 자신의 일이 다른 이에게 알려지는 것을 극도로 꺼려하는 사람도 있습니다. 선불리 도움을 주겠다며 나서서도 안 되고, 그저 지켜보기만 해서도 안 됩니다. 리더에게는 다가서고 물러서는 보폭의 조절이 무엇보다 중요합니다.

28

신뢰를 쌓는 세 가지 열쇠

리더의 탄생과 종말은 어떻게 이루어질까요? 리더란 어떻게 해서 태어나고, 또 어떻게 사라지는가를 생각해보는 것은 '리더가 무엇으로 사는가'를 밝힐 수 있는 중요한 열쇠이기도 합니다.

리더가 탄생하는 경로는 크게 두 가지로 나눠볼 수 있습니다. 첫 번째 경로는 선거를 통해 선출되는 것이고, 두 번째 경로는 더 높은 리더의 결정을 통해 임명되는 것이지요. 이 두 가지 경우는 약간의 차이가 있습니다. 선거를 통해 선출된 리더는 선출되고부터 리더로서 인정을 받는 반면, 상위 리더로부터 임명을 받은 리더는 조직 내에서 인정받기까지 약간의 시간이 필요합니다.

왜 이런 차이가 생기는 것일까요? 그것은 '신뢰' 때문이지요. 조직 구성원들에게 리더로서 인정받는 것이 진정한 리더의 탄생이라고 한다면 리더의 탄생에는 신뢰라는 전제조건이 뒷받침되어야 합니다. 선거를 통해 뽑힌 리더는 이미 그 사람이 조직 내에서 어느 정도 신뢰받고 있다는 뜻이지요. 하지만 상부에서 임명된 리더의 경우에는 선거의 과정이 없기 때문에 일정 시간 동안 리더가 먼저 구성원들과 신뢰관계를 구축해야 하지요. 그렇게 신뢰가 쌓여야만 구성원들이 리더를 신뢰하고 그의 권위를 인정하게 됩니다.

반면에 리더의 종말은 '신뢰의 해체'와 함께합니다. 대통령의 임기가 끝이 나고, 부장, 사장이 회사를 그만둔다고 그들이 당장 리더로서의 생명을 다한 것은 아니지요. 퇴임 후, 심지어 사후에도 국민들에게 추앙받는 대통령이나, 퇴직 후에도 훌륭한 지도자로 사람들의 입에 오르내리는 CEO는 비록 직책은 없어지더라도 리더로서의 생명은 계속 유지하게 되지요. 리더로서의 생명을 다한다는 것은 리더로서의 탄생 때 가졌던 지지층과의 신뢰관계가 소멸한 것을 의미합니다. 상급자의 임명을 통해 탄생한 리더는 그들과의 신뢰가 다했을 때 직책과 리더의 이름을 한꺼번에 잃게 됩니다. 한편 선거를 통해 선출된 리더는 지지층의 신뢰가 사라졌을 때 리더의 생명을 다하게 되지요. 임기 말에 국민의 신뢰를 잃고 레임덕을 겪는 대통령은 아직 대통령의 자리에는 있지만 리더로서의 생명은 다한 것이라 할 수 있습니다.

그래서 '신뢰는 리더의 생명'이라고 말할 수 있습니다. 세계적인 광고회사 오길비앤드마더O&M의 CEO로 명성을 떨치고 있는 셸리 라저러스Shelly Lazarus 회장은 2006년 한국을 방문했을 때 "아무리 훌륭한 재능을 갖춘 리더도 신뢰감을 줄 수 없다면 결코 성공을 보장할 수 없다"며 리더의 최고의 덕목으로 신뢰를 꼽았습니다.

리더가 구성원들과 신뢰관계를 형성하기 위해서는 3C를 가져야 합니다. 첫째, 리더는 구성원들에게 무한한 '관심Care'을 가져야 합니다. 낯선 사람을 신뢰한다는 것은 누구에게나 쉽지 않은 일이지요. 신뢰를 쌓기 위해서는 우선 상대방과의 거리를 좁히려는 노력이 필요합니다. 리더가 구성원 모두와 친분을 쌓는다는 것은 쉽지 않은 일이지만, 그들과 심리적인 거리를 좁히는 것은 충분히 가능한 일이지요. 아사히Asahi 맥주의 히구치 히로타로口廣太郎 전 회장은 언제나 직원들에게 "무슨 곤란한 일은 없는가?"라는 질문을 했습니다. 그는 직원을 '열기구'에 비유해서 그들의 고민거리를 해소해주면 무거운 짐을 덜어낸 열기구처럼 조직은 수직상승할 수 있다고 보았습니다. 신분 차이로 인해 본능적으로 리더를 불신하는 구성원들도 자신이 리더에게 관심을 받고 있다는 생각이 들면 자연스럽게 불신의 벽이 사라지고 리더에 대해 객관적으로 판단할 수 있게 되거든요.

신뢰관계를 구축하기 위한 다음 단계로 '일관성Consistency'을 들 수 있습니다. 관심을 통해 리더와 가까워진 직원들은 이제 리더가 정말 신뢰할 만한 사람인지를 평가해보는 단계에 이르게 되지요. 물론 사람마다 그 기준은 다를 수밖에 없습니다. 리더의 외모를 가지고 판단하는 사람도 있고, 그의 출신이나 학력, 집안 배경을 통해 판단하는 사람도 있을 것입니다.

하지만 이러한 지엽적인 부분보다는 대체로 그의 '행동'이 평가의 가장 큰 기준이 됩니다. 사람의 행동 중 신뢰도를 가늠해볼 수 있는 가장 쉽고 정확한 방법이 일관성을 따져보는 것입니다. 다른 사람과 비교당하는 것을 극도로 싫어하는 것이 사람의 본질이지만, 흥미롭게도 사람은 내면에서는 끊임없이 자신의 모습을 다른 사람과 비교해서 생각합니다.

그래서 구성원들은 단지 자신의 일에만 관심이 있는 것처럼 보이지만, 항상 다른 사람의 일이 어떻게 되고 있는지에 관심을 기울이지요. 만약 내게는 이렇게 대하는 사람이 다른 사람에게는 저렇게 대하는 모습을 보면 그에 대한 신뢰도는 바닥으로 치달을 수밖에 없습니다. 내게는 'No'라고 말하고 다른 직원에게는 'Yes'라고 말하는 리더는 누구라도 신뢰할 수 없겠지요.

특히 리더로서 부임한 초기에는 똑같은 기준과 원칙을 가지고 구성원들을 한결같이 대하고 있는지에 대해 스스로를 향해 좀 더 세밀하게 묻고 점검해야 합니다. 신뢰관계가 구축되기 이전에는 구성원들이 이 문제를 매우 민감하게 생각하기 때문이지요.

마지막으로 구성원들과 지속적인 신뢰관계를 유지하기 위해서 '능력Competency'이 필요합니다. 능력이 없는 신뢰관계는 오래갈 수 없습니다. 인간관계에서 좋은 첫인상만으로 관계를 영원히 지속할 수 없듯이, 리더와 구성원의 신뢰관계도 리더의 능력이 부족할 때는 금방 무너지고 말지요. 일단 리더와 구성원 사이에 신뢰가 만들어지기 시작하면 리더는 자신이 가진 모든 능력을 아낌없이 보여주어야 합니다. "범의 새끼가 어찌 개의 밑에서 자라겠는가"라는 옛말이 있듯이, 리더가 무능하다고 인식하기 시작하면 더 이상의 신뢰관계는 기대하기 어렵겠죠. 따라서 리더는 항상 자신의 능력을 구성원들에게 보여줄 준비가 되어 있어야 합니다.

그런데 안타깝게도 우리나라 리더의 신뢰도 수준은 매우 낮습니다. 세계적 인사컨설팅 회사인 타워스페린Towers Perrin은 한국, 미국, 중국, 일본 등 16개국 직장인의 의식과 생활상을 조사했습니다. 그 결과 한국의 직장인들이 상사에 대해 느끼는 만족도가 세계에서 가장 낮은 것으로 밝혀졌습니다. 그들은 직장 상사가 자신을 정당하게 평가하지 못한다고 응답했으며, 상사가 신뢰할 만한 수준의 사람이 되지 못한다고 답했습니다.

이는 우리 사회에 불고 있는 리더십 열풍을 생각해보면 조금 의외의 결과라고 할 수 있습니다. 많은 사람들이 리더가 갖추어야 할 최고의 가치 중 하나로 신뢰를 꼽고 있지만 실제로 신뢰를 쌓고 있는 리더는 몇 안 되니 말입니다.

29

공감을 이끌어내는 힘

평생 아내가 사다 주는 화장품만 써보다가 난생 처음 화장품 가게에 들어가 본 일이 있습니다. 쑥스럽기도 하고 뭐가 뭔지 어리둥절하기도 해서 두리번거리고 있는데 한 여성 판매원이 다가왔습니다. 판매원은 먼저 본인 화장품을 사러 왔는지 묻고 나서, 피부 타입이 어떻게 되냐고 물었지요. 요즘 젊은 친구들은 안 그렇다고 하지만, 저와 같은 중년 이후 남자들은 피부에 무관심한 편이라 자신의 피부 타입이 어떤지 정확히 알지 못합니다. 저 역시 다소 쑥스러워하며 겨울이나 봄에 피부가 많이

트는 편이라고 대답했습니다. 그러자 판매원은 활짝 웃으며 "어머, 저도 선생님처럼 잘 트는 건성 피부인데, 이걸 써보니까 괜찮더라고요." 하며 맞장구를 쳐주었습니다. 그 후에 나누었던 대화는 잘 생각이 나질 않습니다. 다만 그때부터 저도 모르게 그 판매원이 이야기하는 대로 자연스럽게 이끌려갔고, 가게 문을 나설 때는 화장품이 담긴 쇼핑백을 들고 있었습니다.

이렇듯 낯선 사람끼리라도 사소한 공감대가 형성되면 쉽게 친해질 수 있습니다. 우리는 처음 만나는 사람과 이야기할 때 '호구 조사' 하듯이 이것저것 물어봅니다. 고향은 어딘지, 학교는 어딜 나왔는지, 취미는 무엇인지, 뭘 좋아하는지 등등 말입니다. 그러다가 내가 좋아하는 것과 일치하는 것이 있으면 그때부터 이야기를 쉽게 풀어나갈 수 있습니다. 이렇듯 서로 비슷한 점을 느끼는 사람에게 친근함과 편안함을 느끼는 것을 심리학에서는 '유사성의 원리Principle of Similarity'라고 하지요.

유유상종類類相從이라는 말은 괜히 있는 게 아니었어요. 우리는 유사성을 가진 사람에게 호감을 느낍니다. 그래서 현대 사회에서는 업무 능력, 지능지수IQ, 감성지수EQ 못지않게 "공존지수Network Quotient"가 필요합니다. 공존지수는 서로 다른 사람들과 함께해야 하는 조직 속에서 얼마나 다른 사람과 더불어 잘 살아갈 수 있는가를 보여주는 수치이지요.

그렇다면 타인과 더불어 잘 살아갈 수 있게 하는 것은 무엇일까요? 사람들은 흔히 서로 다른 것을 인정하고, 차이를 존중해줄 것을 강조합니다. 물론 세상에 태어난 존재 중에 어느 하나 똑같은 것이 없듯이 차이를 인정하는 것도 중요하지요. 그러나 인간관계에서 그보다 더 중요한 것은 '공감력'입니다. 아무리 나와는 전혀 스타일이 다른 사람이라도 차근차근 따져보면 반드시 공감대를 형성할 수 있는 부분을 찾을 수 있거든요. 대부분 시도하지 않을 뿐이고, 이런 시도를 두려워하지 않는 사람을 우리는 공감력이 강한 사람이라고 평가합니다.

요즘은 말을 잘하는 사람이 높이 평가받는 시대입니다. 연예인 중에는 물론 '말'로 먹고 사는 사람이 많지만 그중 우리는 김제동을 주목해볼 필요가 있습니다. 『생명의 강 생명의 불꽃』이란 책에는 저자가 각 방면의 최고들과 인터뷰한 내용이 실려 있습니다. 박경리, 유홍준, 김영란 등 이름만 들어도 쟁쟁한 당대의 거장들 사이에서 조금 의아한 것은 김제동과의 인터뷰였습니다. 저자는 김제동을 '당대 최고의 커뮤니케이터'라고 지칭하며 그를 높이 평가했습니다.

김제동을 최고의 커뮤니케이터라고 평가한 이유는 그가 단순히 말을 잘하는 사람이기 때문만은 아닙니다. 그가 진행하는 프로그램이나 행사를 보면 사실 그를 '말 잘하는 사람'이라고 하기엔 조금 부족한 면도 있습니다. 약간 어눌한 말투와 듣기 좋다고는 할 수 없는 목소리에 사투리까지 섞이고 자주 더듬거리기까지 하니 그를 '달변가'라고 할 수는 없겠지요. 그럼에도 불구하고 김제동이 커뮤니케이션의 대가로 자리 잡은 것은, 그가 자신과 이야기하는 사람을 편안하게 만들고, 그의 이야기에 대중이 열광하게끔 만드는 능력이 있기 때문이지요. 그 비결에 대한 김제동의 대답은 아주 간단했습니다.

"공감하는 얘깃거리를 만들어내는 것이 중요합니다."

말이란 혼자 하는 것이 아닙니다. 들어주는 사람이 있어야 하고, 맞장구쳐주는 사람이 있어야 합니다. 효과적인 커뮤니케이션을 위해서는 상대방과 공감하는 부분이 있어야 합니다. 그가 대학 축제에서 가장 인기 있는 MC가 된 것도 철저하게 학생들과 공감대를 형성하기 위한 준비와 노력의 과정이 있었기 때문이지요. 그는 대학 축제 행사의 진행을 시작하기 두세 시간 전에 미리 학교로 가서 교훈이나 상징물도 알아놓고, 대자보에 붙은 글들도 읽어보면서 꼼꼼하게 학교 분위기를 파악한

답니다. 그리고는 행사 중에 총학생회장을 무대로 불러내 "삭발했네요. 대자보 보니까 등록금 때문에 그런 모양인데 잘될 겁니다. 그런데 두상이 참 예쁘네요."라고 이야기하면 학생들의 호응은 가히 폭발적이라고 하더군요. 연예인은 학생들의 고민과는 아예 거리가 먼 사람으로 느껴지는데 그 벽을 단번에 깨버리는 것입니다.

그의 공감대 형성은 학교에 이어 군대로 옮겨집니다. 군인들 앞에서 "오늘 춤 제일 잘 추는 장병에게 맛스타(군대에서 보급하는 음료) 한 박스 쏘겠습니다!"라고 이야기할 수 있는 사람입니다. '맛스타'가 뭔지 아는 사람이 하는 진행은 군인들에게 '저 사람은 우리 편인 것 같다'는 생각을 하게 하지요. 또, 간호사 모임에 가서 진행을 할 때는 "BP(blood pressure, 혈압) 올라가네요!"라고 말하는 능력이 있습니다. 또, 검사들 모임에 가서 진행할 때는 "노래 못하면 영장 실질심사도 없이 구속하겠다."고 말하기도 합니다. 이런 멘트를 구사하면 관객들은 '우리 집단에게만 친근할 거라고 생각했던 부분을 저 사람도 알고 있네' 하고 놀라면서 공감대를 느끼게 되는 것이지요.

"토끼를 쉽게 잡으려면 귀를 잡아야 하고, 고양이를 쉽게 잡으려면 목덜미를 잡아야 한다."는 말이 있습니다. 누군가를 사로잡으려면 그 대상에 대해 정확하게 파악하고 있어야 한다는 뜻이지요. 사람을 잡으려면 그 마음을 잡아야 합니다. 마음을 잡아두는 가장 좋은 방법은 그 사람과 공감대를 형성하는 것입니다. 보신탕을 좋아하는 사람에게 "징그럽게 어떻게 그런 걸 먹을 수 있냐!"고 말하는 사람보다는 "그래요? 제가 잘하는 곳 아는데 나중에 같이 가시죠."라고 말하는 사람에게 더 큰 호감이 가는 것은 당연한 일이니까요.

그래서 공감력을 갖기 위해 노력하고 준비하는 것은 리더로서 꼭 갖춰야 할 조건이랍니다.

30

때로는 말보다 몸으로 통한다

심리학에서는 커뮤니케이션에서 우리가 가장 중요하게 생각하는 언어적인 요소가 실제로는 7퍼센트밖에 차지하지 않는다고 말합니다. 반면에 말투나 어조 · 억양이 38퍼센트, 표정이나 제스처 등이 55퍼센트로 주로 이 같은 시각적인 요소로 커뮤니케이션이 이루어진다고 하네요. 이는 커뮤니케이션의 90퍼센트 이상이 말이 아니라 신체 언어를 통해서 이루어지고 있다는 이야기가 됩니다.

동양 사람은 입으로 이야기하고 서양 사람은 몸으로 이야기한다고 하지요. 동양인은 선천적으로 서양인에 비해서 몸짓이나 표정과 같은 비언어적Non-verbal 요소를 대화에 적극적으로 사용하진 않습니다. 그 이유는 역사 속에서 만들어진 동양 문화의 폐쇄성에서 비롯한 것이라 생각됩니다. 각자의 나라에서 다른 나라와의 교류가 없다시피 살아온 동양인들은 굳이 내국인과의 대화에서 몸짓을 사용할 필요를 느끼지 못했거든요. 반면 여러 민족과 나라가 뒤섞여 서로 부대끼며 살아야 했던 서양인들은 의사소통을 위해 필연적으로 비언어적 요소를 발전시켰습니다. 이탈리아와 같이 교역이 발달한 나라일수록 온갖 몸짓을 섞어 대화하는 것도 이 같은 이유가 아닐까 짐작해봅니다.

그렇다고 해서 우리나라 사람들이 보디랭귀지를 사용하지 못하는 것은 아닙니다. 요즘 들어 우리나라에도 유럽과 같이 잘 알려진 곳뿐만 아니라 생소한 나라로 혼자 여행을 떠나는 사람이 많아지고 있지요. 이 같은 현상이 단지 한국인의 외국어 실력이 나아졌기 때문만은 아닙니다. 말이 통하지 않는 나라로의 여행을 가능하게 한 것은 몸짓, 표정과 같은 비언어적 대화를 이용해 의사소통의 불편함을 줄일 수 있기 때문입니다. 몸짓이나 표정으로 대화하는 것은 능력이 아니라 본능이지요.

우리나라 사람이 몸짓을 잘 사용하지 않는 이유는 다만 그 필요성을 느끼지 못해서라고 생각합니다.

하지만 이는 커뮤니케이션의 요소 중 적극적인 행동언어에만 국한된 이야기입니다. 비언어적 요소는 전체 커뮤니케이션의 90퍼센트에 이르는데, 그것은 표정이나 태도 등의 무의식적이고 소극적인 신체언어가 의사소통에서 더욱 큰 부분을 차지하고 있기 때문이지요. 적극적인 행동언어를 사용하지 않는 사람도 반드시 무의식적으로 소극적인 신체언어를 사용하게 된답니다. 여기서 중요한 점은 소극적인 신체언어는 무의식적인 것이기 때문에 사람의 감정 상태를 가장 진실하게 보여주게 된다는 점이지요. 그렇기 때문에 대화 중에 상대방의 표정과 태도를 읽는 것은 상대의 심리상태를 파악하여 지혜로운 대화를 이끌 수 있는 열쇠가 되기도 합니다.

예를 들어 어떤 상대와 대화를 하고 있는데 상대방이 대화 중에 자꾸 시계를 쳐다본다면 어떻게 해야 할까요? 내가 하고 있는 이야기를 계속해야 할까요? 상대방이 무의식적으로 시계를 쳐다본다는 것은 두 가지 의미로 해석될 수 있습니다. 무언가에 시간을 쫓기고 있다거나 하고 있는 대화에 흥미를 느끼지 못한다는 의미가 되겠지요. 이때 '시계를 본다'는 상대방의 무의식적인 행동을 통해 그의 심리상태를 파악했다면 자연스럽게 대화를 중단하도록 이끌어야 합니다. 상대방의 신호에도 아랑곳하지 않고 혼자 이야기를 계속하는 것도 좋지 않지만, 그렇다고 해서 직접적으로 "바쁜 일 있으세요?" 혹은 "재미없으세요?"라고 묻는 것도 예의에 어긋나는 일이지요. 자연스럽게 대화를 중단하도록 유도하고 다음번에 이야기를 다시 꺼내는 것이 현명한 방법입니다.

이밖에도 입술이나 손톱을 깨물거나, 입술에 침을 자꾸 바르고 있는 것은 상대방이 하기 힘든 말을 꺼내려 한다는 신호가 될 수 있습니다. 이때 내가 그것을 받아들일 만한 상태일 때는 부드럽게 이야기를 꺼내도록 유도하고, 그렇지 못할 때는 다음번에 이야기하는 것이 좋겠다는 뉘앙스를 전달해야 합니다. 또한 상대방이 안경을 닦거나 물을 마신다는 것은 생각할 시간이 필요하다는 의미로 해석할 수 있으니 되도록 재촉하지 말고 기다리는 것이 중요합니다.

상대방의 보디랭귀지를 제대로 해석하는 것도 중요하지만 나 자신이 대화 중에 적절한 신체언어를 사용하는 것 또한 매우 중요합니다. 앞에서 이야기한 것을 반대로 생각해보면 대화 도중 시계를 자주 보는 것은 상대방이 하는 이야기에 관심이 없거나 지루하다는 것으로 오해받을 수 있으니 주의해야겠지요. 또한 상대방의 이야기에 고개를 끄덕이는 것은 '당신의 이야기를 잘 듣고 있다' 혹은 '당신의 말에 전적으로 동의한다'는 뜻으로 보일 수 있기 때문에 대화를 하면서 적극적으로 사용해 주는 것이 좋겠지요.

특히 일대일 대화가 아니라 많은 사람 앞에서 이야기할 때는 더욱 보디랭귀지가 필요합니다. 뻣뻣한 자세로 대화를 이끌어가기보다는 적절하게 자리를 옮겨가면서 이야기하고, 말의 리듬에 맞춰 적절히 팔 동작을 섞어주면 좋습니다. 스피치를 하면서 팔 동작을 하면 무엇보다 듣는 사람을 집중하게 만드는 효과가 있기 때문입니다. 그러므로 실전 스피치에서는 말과 동작을 동시에 하기보단, 동작을 1~2초 정도 빨리 하는 편이 더 효과적입니다. 제스처만 있고 말이 없으면 청중에게 묘한 긴장감을 주어 말하는 사람에게 관심이 집중되거든요. 책상을 '탁!' 한 번 치고 나서 1~2초가량 청중을 훑어보고는 결정적 말 한마디를 하면 청중의 수용 효과는 극대화될 수 있다고 합니다.

"눈치가 빠르면 절간에서도 젓갈을 얻어먹는다"는 말이 있습니다. 이는 말하지 않아도 상대방의 심중을 파악하고 그에 알맞게 순발력 있는 대처를 하는 사람은 어디에 가서도 성공할 수 있다는 뜻이지요. 그리고 말을 하지 않고도 상대방의 심중을 간파할 수 있는 방법은 상대방의 비언어적 커뮤니케이션 방식을 잘 이해하는 것입니다.

이처럼 신체 언어를 자유자재로 활용할 수 있는 사람은 상대방과의 대화를 주도적으로 이끌어갈 수 있으며, 이는 현대 사회에서 곧 성공을 의미합니다. 리더가 되려면 이러한 기술을 익혀야 할 것입니다. 아직 이러한 기술이 없는 사람이라면 처음 보는 영화를 켜놓고 소리를 없애고 한번 감상해보세요. 아마 비언어적 커뮤니케이션 방식을 이해하는 데 도움이 될 것입니다.

31

모든 걸 다 가지려 하지 말라

제로섬zero-sum은 합계가 제로(0)가 된다는 말입니다. 제로섬 상황을 쉽게 이해하려면 도박의 경우를 보면 되겠지요. 예를 들어 세 명이 고스톱을 친다고 가정합시다. 한 시간을 치든지 열 시간을 치든지 세 사람이 잃고 딴 돈을 합하면 제로가 되지요. 이런 상황이 바로 '제로섬 게임'입니다. 대부분의 사람들은 세상이 온통 제로섬 게임으로만 이루어져 있다고 생각합니다. 내가 이익을 얻기 위해서는 누군가가 희생해야 하고, 내 지위를 높이려면 누군가를 짓밟고 올라서야 한다고 생각합니다. 또한 나와 물건을 거래한 사람이 쾌재를 부르면 괜스레 손해 본 기분이 들기도 합니다.

많은 사람들이 이렇게 생각할 수밖에 없는 이유는 인간의 '상대성'에 대한 지각 능력이 너무나 뛰어나기 때문이라고 합니다. 실제로 심리학자들이 인간의 언어지각 능력을 실험 해본 결과, 거의 모든 사람이 낱말의 유의어보다 상대어나 반의어를 찾을 때 훨씬 신속하고 정확하게 반응했습니다. 그렇기에 자칫 그 정도가 지나칠 경우 인간은 상대적인 지각에서 비롯된 이분법적인 사고에 빠지게 된다고 합니다.

제로섬 게임도 일종의 이분법적인 사고이지요. 하지만 제로섬 게임을 비롯한 이분법적인 사고는 득보다는 해가 되는 면이 훨씬 많습니다. 이분법적인 사고를 적용하려면 그 상황을 둘러싼 모든 변수가 완벽하게 제한되어야 하는데, 아무리 범위가 작은 사건이나 행위라도 그 변수들을 완벽하게 제어한다는 것은 거의 불가능하기 때문입니다. 간단한 고스톱의 경우에도 누군가 딴 돈을 자기 지갑 속에 몰래 숨겨놓고 딴 사람이나 잃은 사람이나 잃기만 했다고 우기는 황당한 상황이 연출되거든요. 그렇기 때문에 이분법적인 사고는 언제나 잘못된 결론에 다다를 위험에 노출되어 있습니다.

이처럼 이분법적 사고의 불합리성을 인식하고 나면 우리 삶에 존재하는 상황 중 제로섬이 적용되는 경우는 거의 없다는 결론에 이르게 됩니다. 한 걸음 나아가 발전적으로 사고하면, 변수를 조절하기에 따라 모든 상황은 상호 효과를 낼 수 있는 승-승win-win 상황으로 발전할 수 있지요. 누군가를 짓밟지 않고도 모든 이가 지위와 명예를 나눠가질 수 있고, 남을 속여서 물건을 팔지 않아도 얼마든지 이익을 취할 수 있음을 알게 되지요.

비판론자들은 그것이 그저 긍정적 사고가 만드는 환상이라고 말할 테지만, 논리적으로도 승-승은 얼마든지 가능한 개념입니다. 그럴 수밖에 없는 것이 승-승이 성립되지 않는다면 거래 자체가 성립할 수 없기 때문이지요. 누가 손해를 보면서 거래를 하려 할까요? 거래라는 것 자체가 사회의 구성원들이 자발적으로 자신의 이익을 도모하기 위해 만들어낸 수단입니다. 비록 나와 물건을 거래한 사람이 거래 성사 후 기분이 좋아 쾌재를 부를 때 왠지 내가 손해 본 듯한 기분이 들지만, 거래가 성사될 시점에서는 양쪽 모두 거래로 인해 자신의 이익이 증진될 것이라고 분석하고 판단했을 것입니다. 단지 상대의 반응 때문에 가지게 된 '손해 보는 기분'이 문제지요.

리더의 성공이란 제로섬을 버리고 승-승을 추구할 때 보장됩니다. 자기 이익만을 생각하다보면 결국 모든 거래가 실패로 끝나게 되지요. 제로섬은 한쪽의 이익과 한쪽의 손해가 합쳐진 제로가 아니라, 거래 실패로 인한 양쪽의 손해를 의미합니다. 따라서 리더는 단지 '손해 보는 기분'에 사로 잡혀 제로섬의 함정에 빠지는 일이 없어야 합니다.

32

'이기냐 지냐'의 문제가 아니다

인간은 누구나 상호의존성을 가지고 태어나기 때문에 혼자서는 살아갈 수 없는 존재입니다. 상호의존성이란 내가 상대방에게 의존하고, 또 상대방은 내게 의존함을 뜻하지요. 아무리 연약하고 무능력한 사람일지라도 무조건적으로 타인에게 의존하면서 살아가진 않습니다. 그런 사람이라도 누군가에게는 반드시 필요한 존재라는 뜻이지요. 한자로 사람 인人자는 두 작대기가 서로 의지하고 있는 모양새입니다. 이 두 작대기가 우리 사회를 이루는 '너'와 '나'의 모습입니다. 둘의 길이에 따라 얼마만큼 기대고 받쳐주는가가 달라지겠지만 결국 하나가 없이는 나머지 하나도 존재할 수 없다는 의미이기도 합니다.

그럼에도 불구하고 대부분의 사람들이 가지고 있는 상호작용의 패러다임은 승-패적 패러다임입니다. 그 이유는 우리가 태어난 이후 끊임없이 그렇게 생각할 수밖에 없는 환경에 처하기 때문이지요. 1인칭 시점에서 승-패적 패러다임은 단순합니다. '내가 이기고, 당신은 진다'는 사고방식이지요.

아이는 태어나서 어릴 때부터 부모님의 관심을 두고 형제, 자매와 경쟁을 벌입니다. 한 명이 부모님의 관심을 받으면 나머지 한 명은 부모님의 관심에서 멀어진다고 생각하지요. 그래서 어떻게든 부모의 관심을 독차지하기 위해 서로 비난하고 싸우는 일도 발생합니다. 학교에 입학해서는 남보다 높은 성적을 받기 위해 겨루기도 합니다. 100점을 맞으려고 노력하기보단 다른 아이들보다 조금이라도 더 높은 점수를 받으려고 애써야 합니다. 성장과정 전체를 통해 이러한 상황은 계속됩니다.

이렇듯 승-패적 패러다임은 '경쟁'과 분리할 수 없는 관계에 놓여 있습니다. 그러나 의존적인 존재로 태어난 인간이 차츰 자립적 존재로 성장하기 위해서는 의존, 협력, 경쟁의 상호관계가 모두 필요합니다. 이 중에 경쟁을 가장 우선적으로 생각하는 사람은 승-패적 패러다임을 가지게 되지요. 하지만 불완전한 인간의 삶에서 경쟁보다는 협력과 의존이 더욱 필요함은 당연한 사실입니다.

살아가면서 가장 많은 시간을 함께하는 친구, 동료, 이웃, 그리고 가족과의 관계에서 우리는 굳이 경쟁을 할 필요가 없지요. 하지만 승-패적 패러다임을 가지고 불필요한 경쟁의식에 사로잡혀 있다면 이는 삶에 매우 부정적인 요소로 작용합니다. 가령 절친한 친구가 자기보다 더 높은 자리로 승진하거나 부자가 되었을 때 진심으로 축하해주지는 못할망정 노골적으로 시샘한다면 오랜 우정에 금이 가는 것은 물론 그 자신 스스로 큰 즐거움 하나를 잃어버리고 자기의 삶이 조금씩 불행해지는 것을 받아들여야겠지요.

승-패적 패러다임은 내가 반드시 이겨야 함을 의미합니다. 승-패적 패러다임에서 패배는 곧 도태를 의미하기 때문이지요. 그래서 승-패적 사고를 가진 사람은 타인과 경쟁할 경우 능력과 상황이 누구에게 유리하게 작용하는가에 상관하지 않고 무조건적으로 이기기 위한 전략을 구상합니다. 자신의 능력이 대단해서 늘 경쟁자보다 뛰어난 능력을 가지고 있다면 문제가 없겠지만, 대개는 살아가면서 자신보다 뛰어난 능력을 가진 사람과 경쟁해야 하는 경우가 많습니다.

그때마다 승-패적 패러다임을 가지고 있는 사람은 정당하지 못한 방법을 쓰고 싶은 유혹을 받게 됩니다. 그리고 '내가 살아남기 위해서 어쩔 수 없는 선택이었다'는 자기방어적 암시를 걸며 자신의 행동을 정당화시킵니다. 결국 그는 승리를 위해 원칙을 무시하고, 수단과 방법을 가리지 않는 승리지상주의자가 되지요. 더 나은 석차를 얻기 위해 시험에서 부정행위를 저지르는 학생, 올림픽 메달을 따기 위해 금지약물을 복용한 운동선수, 승진을 위해 동료를 험담하고 모함하는 직장인, 오로지 당선만을 위해 선거법을 어기는 후보자……. 그들을 통해 우리는 승-패적 패러다임의 부작용을 목격할 수 있습니다.

제가 체험한 사례를 하나 소개하겠습니다. 송도 신도시가 건설되면서 당시 인천에 위치하고 있던 예하부대가 영종도로 이전하게 되었습니다. 그 무렵, 저는 사령부에서 주무 참모로 근무하고 있었습니다. 이미 3년 전 군부대와 해당 지역 기관 간에 부대 이전 합의각서가 체결되었지만 지역주민의 강력한 반대에 부딪혀 이전 사업의 추진이 중단된 상태였고, 해당 지역 주민과 지역기관 및 군 사이의 갈등이 심각한 상태로 치닫고 있었지요.

이전해야 할 예하부대 부지로는 일정한 거리 이상 떨어진 지역 두 곳이 필요했는데, 기존에 합의되었던 이전지역은 B산과 K산 지역이었습니다. 그러나 영종도 중앙에 위치한 B산은 주민들이 영종도의 상징으로 생각하고 있을 뿐 아니라 문화재로서 가치가 높아, 지역 주민들은 그곳에 군부대가 들어오는 것에 대해 강한 거부감을 가지고 있었습니다. 해당지역 관공서는 이미 체결한 합의각서와 지역 주민의 반대 사이에서 진퇴양난에 빠져 있었지요. 사령부로서도 군사 대비태세 유지를 위해 해당 예하부대의 이전을 더 이상은 미룰 수 없는 상태였습니다.

이러한 문제를 승-패적 패러다임에 기준해 밀어붙였다면 어떻게 되었을까요? 단기적으로는 양해각서에 입각한 군의 승리로 끝났을지도 모릅니다. 그러나 당시 방사성폐기물 처리장 입지 선정과 관련하여 국가적인 소요가 일어났던 사실을 기억해보면, 지역 주민의 합의가 결여된 입지 선정은 두고두고 골칫거리가 되었을 것이 뻔합니다. 대신 우리는 지역 기관장과 주민, 그리고 부대 간의 대화를 통해 상호신뢰를 구축하고, 승-승 전략에 의한 협상타결을 위해 노력했습니다. 그 결과 기존 B산에 배치하기로 했던 중대를 K산으로 옮기고, K산에 들어가기로 했던 중대를 바닷가 야산 지역으로 배치하는 새로운 해결방안을 찾아낼 수 있었습니다. 즉, 어느 한쪽이 이기기 위해 다른 한쪽을 패배시키는 것이 아니라 주민 정서와 문화재적 가치, 군사 대비태세라는 세 마리 토끼를 한꺼번에 잡을 수 있었습니다.

저는 이 일을 통해 많은 것을 배웠습니다. 그리고 그동안 승-패적 패러다임에 사로잡혀 있던 리더라면 하루 빨리 승-승적 패러다임으로 변화해야 한다는 것을 깨달았습니다.

앞으로의 시대는 좀 더 복잡하고 다양한 목소리를 조율하면서 문제를 해결해나가야 하는 시대인데, 승-패적 패러다임으로는 감당할 수 없다는 결론을 얻게 되었습니다. 제게 많은 것을 깨닫게 해준 고마운 사건이었습니다.

33

우두머리와 리더의 차이

리더십이란 말이 대중화되고 리더라는 말이 흔히 쓰이면서 한편으로는 '리더'라는 말이 '최고', 또는 '우두머리'라는 말로 대체돼서 사용하는 경우가 많아졌습니다. 물론 그 말도 틀린 것은 아니지만, 그렇다고 리더를 단지 '우두머리'라고만 하기에는 원래의 뜻을 충분히 담지 못하는 면이 있지요. 리드lead라는 영어 단어의 뜻처럼 리더의 개념에는 '이끌어주는 사람'이란 의미가 가장 중요한 포인트입니다.

우두머리와 리더의 차이점은 '구성원의 성장을 얼마나 이끌어낼 수 있느냐'에서 나타납니다. 우두머리에게 부하들은 단지 자신의 성공과 목표 완수를 위한 도구일 뿐이지요. 그러므로 부하들이 우두머리에게 가지는 믿음은 맹목적이고 절대적인 지지여야만 합니다. 반면 리더에게 구성원들은 공동의 목표를 가지고 함께 꿈을 이루기 위해 필요한 동반자입니다. 리더는 공동의 목표를 가진 집단이 한 방향으로 나아갈 수 있도록 길잡이 역할을 하기 위해 선출된 공동의 대표이지요. 그래서 구성원들이 가지는 리더에 대한 믿음은 그의 능력에 기반을 둔 가변적인 지지라고 할 수 있습니다. 많은 CEO들이 겉으로는 "리더십! 리더십!"을 외치지만, 실제로는 자신을 우두머리로 생각하고 있는 경우가 많습니다. 이러한 상황을 한번 가정해봅시다. A라는 회사는 얼마 전 프랑스 지사를 설립하여 유럽 시장을 개척하는 데 여념이 없었습니다. 그런데 프랑스 지사에서 산업 디자이너 한 명이 꼭 필요하다는 연락을 본사에 해왔습니다. 큰 회사가 아니었기에 사장은 본사에 있는 두 명의 디자이너 중 누구를 보낼지 결정해야 했지요. 두 명의 디자이너 중 한 명은 입사 3년차의 젊은 여성 디자이너였고, 한 명은 15년이나 된 베테랑 남성 디자이너였습니다. 더구나 여성 직원은 아직 미혼이었고 남성 직원은 아내와 자녀들이 있는 상황이었어요. 하지만 이 회사에서 지금 하고 있던 사업 중 프랑스 시장 개척이 무엇보다 중요한 생존과제였기에, 사장은 별다른 고민 없이 둘 중 실력이 조금이라도 나은 남성 디자이너를 프랑스로 3년간 파견하기로 결정합니다.

여기서 이 회사의 사장이 미처 생각하지 못한 것은 '구성원들이 어떤 것을 원하고 어떤 꿈을 가지고 있는가?'입니다. 파견이 결정된 남성 직원은 15년간 숨 가쁘게 달려오느라 잘 돌보지 못한 가족에게 미안한 마음을 가지고, 앞으로는 무슨 일이든 가족을 최우선에 두려고 마음먹고 있던 터였습니다. 야근을 줄여 가족과 식사를 하고 주말에는 가족들과 여행을 다니면서 그동안 생각하지 못한 앞으로의 삶을 설계 하고 있었어요. 그러던 그에게 프랑스 파견은 날벼락 같은 소식이었지요.

한편, 여성 직원도 이 같은 결정에 못내 아쉬워했습니다. 그녀는 처음 입사해서 3년 동안 일을 배우면서 이 일이 평생을 바쳐도 좋을 것 같다는 생각이 들었습니다. 그런데 최근 들어 조금씩 한계도 느끼고 더 넓은 곳에서 많은 것들을 배울 수 있었으면 하는 아쉬움도 생겼습니다. 그녀는 프랑스 지사에서 사람이 필요하다는 이야기를 듣고 상사에게 자신이 프랑스로 가서 일도 하고 디자인 공부도 더 해보고 싶다는 말을 해보았지만 소용이 없었어요. 결국 사장의 결정은 두 사람의 꿈을 모두 좌절시킨 것이 되었습니다.

이 같은 사례에서 알 수 있듯이 올바른 리더는 구성원들의 성장에 견인차가 되어주어야 합니다. 더 적극적으로 생각해보면 리더는 조직의 목표와 함께할 수 있는 비전 있고 야심찬 꿈들을 구성원에게 심어주고 구성원과 조직이 함께 나아갈 수 있도록 유도해야 합니다.

"절이 싫으면 중이 떠나야 한다."

저는 이 말을 들을 때마다 왠지 가혹하다는 생각이 들곤 했습니다. '대체 이 절은 얼마나 자신감이 넘치기에 그토록 구성원에게 가혹할 수 있을까?'라는 생각 때문이죠. 제 생각에는 스님들이 좋아할 수 있도록 절을 변화시키는 게 더 바람직하게 보였으니까요. 사공이 많으면 배가 산으로 간다고, 모두의 마음을 충족시키려다 한 사람도 만족시키지 못한 경우가 생길 수도 있지만 그 문제는 리더의 역량으로 극복해나가야 합니다. 모두의 마음, 즉 모두의 꿈을 한 곳으로 집중시킬 수 있는 것이 좋은 리더가 갖추어야 할 역량이지요. 절이든 기업이든 구성원이 없는 조직은 존립할 수 없습니다. 비록 조금은 더디고 완만하게 가더라도 모두가 함께 걸어 나갈 수 있는 조직이 가장 오랫동안 생존력을 유지할 수 있다는 게 제가 많은 조직을 지켜보면서 하게 된 생각입니다.

리더를 꿈꾸는 젊은이에게

우리의 목표가 우리의 미래를 결정합니다.
뚜렷한 목표는 에너지를 집중시켜 주기 때문에
목표는 반드시 결과를 낳습니다.
하나의 목표가 탄생되면 자신감이 늘고
능력이 향상되고 더 많은 일을 해내게 되고
그 과정에서 더 많은 즐거움을 느끼게 됩니다.

34

임파워먼트를 실행하라

'모든 일은 내가 직접 처리해야 한다.'

많은 리더들이 이런 생각을 합니다. 그들을 보고 있으면 정말 열심히 일한다는 생각이 들기도 하지요. 리더의 자리에 올라서도 여전히 '일벌레workaholic'라는 소리를 들을 정도로 항상 부족한 시간에 쫓기며 사니까요. 하지만 정작 쏟아 부은 노력에 비해 그들이 거둬들이는 결과는 그저 그럴 때가 많습니다.

이들은 '나와 동등한 자리에 있는 동료 리더들은 매일 저녁

6시가 되면 칼같이 퇴근을 하고 주말에는 취미생활도 즐기면서 여유롭게 일하는데 왜 나보다 실적이 좋을까?'라는 생각을 하기도 합니다. 이 문제를 해결할 수 있는 방안은 무엇일까요? 저는 적절한 임파워먼트Empowerment의 실행이라고 생각합니다. 현대 경영학의 아버지 피터 드러커Peter Drucker는 이런 말을 했습니다.

"권한 위임은 단지 자신의 일을 남에게 떼어주는 것이 아니다. 자신의 일을 제대로 하기 위해 실행하는 목표 달성의 한 방법이다."

웹스터 사전은 임파워Empower의 뜻을 '권한을 부여하다'와 '능력을 부여하다'라는 두 가지 뜻으로 나누어 설명하고 있습니다. 임파워먼트는 이처럼 권한과 능력을 부여한다는 의미로 사용될 수 있지요. 즉, 임파워먼트는 리더가 실무자에게 권한을 부여하여 그들이 가지고 있는 책임의 범위를 확대하고, 실무자가 다양한 경험을 할 수 있게 하여 그들의 잠재된 능력을 발현시키는 행위가 됩니다.

또한, 임파워먼트는 한정된 권한을 타인에게 위임하거나 이양하는 개념이라기보다는 구성원이 책임감을 가지고 역량을 키워나갈 수 있게 도와준다는 개념으로 이해해야 합니다.

이는 앞서 언급했던 권한 위임과 승-승 전략이 모두 적용된 것이라 할 수 있겠지요.

앞에서 말한 '일벌레' 같은 리더들이 업적을 높이지 못하는 이유는 임파워먼트를 실행하지 못했기 때문입니다. 지위가 높아질수록 그에 해당하는 업무도 늘어나게 마련입니다. 이때 유능한 리더들은 시간이 부족해졌다고 쩔쩔매지 않고, 예전보다 훨씬 복잡해진 업무를 훌륭히 소화해냅니다. 바로 임파워먼트를 적극적으로 활용하기 때문이지요.

성공적인 조직의 리더들은 우선 일의 난이도나 중요성을 고려해서 상대적으로 중요성이 떨어지는 일에 대해서는 권한을 구성원들에게 적절히 나누어줍니다. 이를 통해 높아진 지위에 따르는 더 중요하고 우선적인 일에 매진할 시간과 에너지를 확보하는 것이지요. 이는 리더가 더 효과적으로 일을 분배해서 처리할 수 있게 하고, 구성원의 능력을 끌어 올려주는 일석이조一石二鳥의 방법이 되기도 합니다.

하지만 우리나라의 리더들은 안타깝게도 임파워먼트를 제대로 실행하지 못하고 있는 것으로 나타났습니다. 2006년 미국계 인사컨설팅 업체인 타워스페린Towers Perrin이 전 세계 직장인 8만 6천여 명을 대상으로 한 조사에서도 우리나라 기업 리더들의 권한 위임 수준은 매우 낮게 나타났습니다. 조사 결과, 한국 직장인들 가운데 '부하 직원이 주도적으로 일할 수 있도록 권한을 적절히 위임하는 편'이라고 응답한 사람은 31퍼센트에 불과한 것으로 나타나, 조사 대상인 16개국 가운데 최하위였습니다.

당신이 리더라면 이제는 임파워먼트를 더 적극적으로 활용해야 합니다. 그 이유를 좀 더 구체적으로 말하자면 크게 다음 세 가지로 나누어 설명할 수 있습니다.

맨 먼저 임파워먼트는 작업의 성과와 질을 높여줍니다. 아이러니하게 생각될 수도 있지만, 실질적으로 현장에서 여러 가지 난관에 부딪히는 것은 실무자이지만 그 해결책을 결정하는 것은 리더입니다. 당연히 위아래의 의사결정 과정을 거치다 보면 판단의 신속성이 떨어지게 되지요. 이때 구성원들이 자신의 능력을 충분히 발휘할 수 있도록 임파워먼트를 실행하면 훨씬 신속하게 판단하고 대응할 수 있습니다.

세계적인 기업인 3M은 1990년대 초반 극심한 불황 속에서도 오히려 영업 인력에게 가격 협상이나 고객 관리에 대한 추가적인 권한과 재량을 주었습니다. 현장 직원들의 권한이 확대되자 그들은 더 적극적으로 일에 뛰어들었고, 고객에게도 적극적으로 다가갈 수 있었지요. 이로써 3M은 고객의 달라진 욕구를 쉽게 파악하고 신속하게 대응하여 불황기에도 오히려 이익을 늘려갈 수 있었습니다.

다음으로 임파워먼트는 일에 대한 열정을 불러일으켜 구성원들의 발전을 이끌어냅니다. '포장마차도 내 것이면 열심히 한다'는 말이 있듯이 '내 것이다'라는 소유 의식이 생기면 누구나 열정적으로 일하게 마련입니다. 적극적인 임파워먼트로 권한을 위임하면 구성원들이 전에는 볼 수 없었던 넘치는 의욕을 가지고 뛰어드는 모습을 볼 수 있습니다.

그러나 임파워먼트는 단지 권한의 위임만을 의미하지는 않습니다. 권한을 위임한 후에 적극적인 관심과 코칭을 통해 그들에게 과부하가 생기지 않고 실력으로 끌어올릴 수 있도록 유도해야 합니다. 미국의 저명한 흑인 교육가 부커 T. 워싱턴 Booker T. Washington은 "누군가에게 책임을 맡기고 그를 신뢰한다는 사실을 알게 하는 것만큼 한 사람을 성장시키는 일은 없다."라고 이야기했습니다. 신뢰하며 권한을 위임하고 그가 실패를 맛보지 않게 옆에서 끊임없이 코치해주는 것이 임파워먼트의 핵심입니다.

리더는 자기 절제를 통해서 직원들의 행동을 최대한 간섭하지 않고 임파워먼트를 실행할 줄 알아야 합니다. 3M의 R&D 부사장 윌리엄 코인William E. Coyne은 '부하들의 업무에 관여하지 말아야 할 때' 세 가지를 정하여 종이에 적어 업무 철학으로 삼고 잊지 않았습니다.

① 스스로 학습하는 것이 목적이 아닐 때
② 일에 대해 담당자보다 적게 알고 있을 때
③ 그룹 단위로 창의적인 일을 할 때

코인의 사례는 대부분의 리더들이 자존심을 내세우며 지시하고 통제하려 드는 것이 얼마나 부질없는 행동이며, 참된 임파워먼트가 왜 필요한지를 각인시켜줍니다.

35

극복해야 할 네 가지 장애물

임파워먼트는 조직 내에 활력을 불어넣어 주고, 더 신속하고 탄력적인 업무를 가능하게 합니다. 그러나 실제로 많은 리더들이 현장에서 임파워먼트를 실행하는 데 애를 먹고 있습니다. 왜 그럴까요?

첫째, 우리 조직의 관료적 문화를 꼽을 수 있습니다. 많은 사회 조직들이 아직도 관료적 타성에 젖어 새로운 것을 시도하기보다는 현실에 안주하려는 습성을 가지고 있지요. 그 결과 장기적인 비전보다는 단기적인 성과에 집착하게 됩니다.

대부분의 조직에서 리더가 아무리 임파워먼트를 외쳐도 오히려 중간 관리자나 하부 계층의 구성원들이 슬금슬금 피하는 경우를 볼 수 있습니다. 이는 그들이 현재의 관습을 유지하는 쪽이 낫다고 판단하기 때문이지요. 또한, 하위 계층에서 변화의 필요성을 받아들이더라도 중간 관리자층의 심한 반대에 부딪힙니다. 조직체계가 수직구조에서 수평구조로 바뀐다는 두려움 때문에 중간 관리자층은 동요하게 되고, 결국 일반 부하 직원들도 새로운 시도를 포기하고 맙니다. 실제로 제가 처음으로 부대장이 되었을 때 이와 비슷한 실패를 겪은 일이 있습니다. 실질적으로 부대의 80퍼센트 이상을 차지하고 있는 초급 간부와 일반 병사들에게 권한을 위임하고 임파워먼트를 실행하려다 난관에 부딪힌 것입니다. 부대의 중간 간부들은 병사들에게 권한을 부여하겠다는 제 결정을 쉽게 수용하지 못했습니다.

임파워먼트를 실행하면서 이 같은 장애를 피해가려면 먼저 조직 내에서 구성원 간에 신뢰관계를 구축해야 합니다. 그런 연후에 계층에 구애받지 않는 자유로운 토론 제도를 시행하는 등 조직 내의 관료적 문화를 차근차근 바꿔나가야 합니다.

지금은 부대 내에서도 자연스럽게 병사들 스스로 으뜸병사를 선발하는 등 웬만한 일들은 그들 스스로 해결해 가는 모습을 보며 그 변화에 저 역시 감회가 새롭습니다.

둘째, 리더가 옳지 않은 목적으로 임파워먼트를 악용하기 때문입니다. 이는 실제로 여러 조직에서 볼 수 있는 사례이기도 하지요. 대부분의 리더들이 권한 위임을 실천하고 있지만, 속내를 들여다보면 이를 본능적으로 달가워하지 않는 리더들도 많습니다. 그들은 구성원들을 믿고 일을 맡기는 것이 아니어서 임파워먼트를 실행한 이후 구성원들이 자신의 의지에 반하는 결정을 했을 때는 당사자에게 직간접적으로 불이익을 주기도 합니다. 이러한 행동은 정확히 말해서 권한 위임이 아니라 꼭두각시놀음이나 다름없겠지요.

이들은 임파워먼트를 본래의 취지를 위해서가 아니라 자신의 책임을 회피하고 반사이익을 얻는 수단으로 사용합니다. 일이 성공했을 경우에는 그 성과를 자신에게 돌리고 실패했을 경우에는 그 책임을 구성원에게 전가시키는 것입니다. 이것은 리더 가운데서도 가장 비열한 리더의 모습이라고 할 수 있겠지요. 이 같은 상황에서 당연히 구성원은 권한을 위임받고도 모든 결정을 내릴 때 자신의 판단과 소신보다는 상사의 눈치를 볼 수밖에 없습니다.

셋째, 구성원들의 능력이 부족해서 임파워먼트를 실행하지 못하는 경우도 있습니다. 이 경우에 해당하는 리더는 막상 실험적으로 임파워먼트를 실행해보니 오히려 업무 처리가 더 느려지고 제대로 일이 처리되지 않는다고 투덜댑니다. 하지만 상황을 살펴보면, 정작 임파워먼트를 실행하는 데 별 문제가 없는 경우가 많습니다. 다만 인내심이 부족했을 뿐이지요.

지금까지 해보지 않던 일을 시도하기란 쉬운 일이 아닙니다. 그 과정에서 리더가 즉각적으로 가시적 성과물Output을 기대한다면 지나친 욕심이라고 할 수 있겠지요. 임파워먼트 초기에는 거의 모든 구성원이 스킬이나 지식이 부족해서 많은 시행착오를 겪게 마련이니까요. 하지만 이를 부정적으로 생각하지 말고 임파워먼트가 성공적으로 조직 내에 자리 잡을 수 있는 환경을 점진적으로 조성해야 합니다. 구성원들이 실패에 대한 두려움을 느끼지 않고 잠재 능력을 발휘할 수 있게 신뢰와 지원을 아끼지 않아야 합니다.

넷째, 리더 본인이 임파워먼트를 꺼리는 경우입니다. 세계적인 경영학자 제프리 페퍼Jeffrey Pfeffer와 조직심리학의 대가인 데이비드 맥클리랜드David McClelland에 따르면, 사람들은 리더가 되면 자신이 조직을 절대적으로 장악하고 통제해야만 성공할 수 있다고 여기는 경향이 있다고 합니다. 두 사람은 리더가 임파워먼트를 꺼리는 이유를 다음 세 가지 신념 때문이라고 설명합니다.

① 조직이 커지면 리더의 권한도 더 많아져야 한다.
② 통제하는 것이 리더의 존재 이유다.
③ 리더가 개입해야만 결과물의 질이 더 나아진다.

이 세 가지 믿음을 고수하기 때문에 리더가 구성원에게 적절한 업무를 나누어주지 못하게 되는 것이지요. 단, 이 문제는 앞서 살펴본 세 가지 이유보다는 해결 방법이 간단합니다. 리더가 지금까지 자신이 가져왔던 고정관념이 시대에 뒤떨어지는 것임을 하루 빨리 자각하면 되니까요.

리더를 꿈꾸는 젊은이에게

안 된다고 생각하는 부정적인 태도는

일을 "안 되게" 만듭니다.

그대로 된다고 생각하는 태도가 "되게" 만듭니다.

자신이 어떤 태도를 선택하느냐에 따라

성취할 수 있는 높이가 결정됩니다.

태도는 마음에 색을 칠하는 붓이라 할 수 있습니다.

36

낮에 꿈꾸는 사람이 돼라

리더십은 목표를 설정하는 것이고, 경영은 전략을 설정하는 것입니다. 그래서 리더는 '어디로' 가는지와 '왜' 가는지에 대해 설정하며, 경영자는 '어떻게' 가는지에 대해 설정합니다. 많은 사람들이 리더십과 경영을 비슷한 것으로 생각합니다. 하지만 정확한 의미에서 리더십과 경영은 다릅니다. 『성공하는 사람들의 7가지 습관』으로 유명한 스티븐 코비 박사는 그의 저서에서 "우리는 도로지도보다 비전 혹은 목적과 나침반이 더 필요하다.…… 경영을 성공의 사다리를 올라가는 데 필요한 효율성이라고 한다면, 리더십은 그 사다리가 벽에 잘 기대어지는가를 결정하는 것이다."라고 정리했습니다. 다시 말해 효과적인 조직 운영을 위해서는 '꿈꾸는 리더십'과 '현실적인 경영'이 조화를 이루어야 한다는 뜻입니다.

구체적인 실행에 옮기는 전략은 경영진을 비롯한 적절한 구성원에게 위임하면 됩니다. 리더에게 가장 중요한 일은 '꿈을 꾸는 일'입니다. 미래를 내다보고 멋진 비전을 만들어낼 수 있다는 것은 꿈이 사라지지 않았다는 증거이기도 합니다. 영국의 전쟁작가이자 영화 〈아라비아의 로렌스〉의 실제 모델로 유명한 T. E. 로렌스Thomas Edward Lawrence는 "리더란 낮에 꿈을 꾸는 사람"이라고 이야기했습니다. 저는 절묘한 표현이라고 생각합니다. 그의 책에는 다음과 같은 흥미로운 이야기가 실려 있습니다.

"모든 사람이 꿈을 꾸지만 똑같지는 않다. 마음의 무미건조한 휴식 속에서 밤에 꿈을 꾸는 사람들은 깨고 나면 그것이 헛된 줄 안다. 그러나 낮에 꿈을 꾸는 사람들은 위대하다. 눈을 뜬 상태로 그 꿈을 실현하고자 행동에 들어갈 수 있기 때문이다."

그의 말대로 리더는 '낮에 꿈을 꾸는 사람'이 되어야 합니다. 낮에 꿈을 꾸는 사람은 꿈에서처럼 행동할 수 있다고 이야기했듯이, 리더는 사람들이 허무하다고 생각하는 꿈을 꾸며, 그 꿈 중에서 가능성 있는 비전을 찾아내야 하기 때문입니다.

이 같이 리더의 가능성 있고 새로운 꿈은 세상에 의미 있는 큰 변화를 가져다줍니다. 대표적인 예가 월트 디즈니Walt Disney이지요. 미국인들, 아니 모든 세계인이 유년 시절에 이 사람의 영향을 받지 않은 사람이 있을까요? 애너하임에서 그가 디즈니랜드를 착공하기 전에 꿈꾸었던 미래를 한 번 살펴봅시다.

"디즈니랜드라는 건 간단합니다. 그곳은 사람들이 행복과 지식을 찾는 장소가 될 것입니다. 그곳은 부모와 아이들이 한데 어울리며 즐거운 시간을 보내는 장소가 될 것입니다. 교사들과 학생들에게는 이해와 교육을 위한 놀라운 방법을 발견하는 장소가 될 것입니다. 이곳에서 구세대는 지나간 시절의 향수를 되찾을 것이며, 젊은 세대는 미래의 도전을 맛볼 수 있을 겁니다. 이곳은 보고 이해하는 모든 것에 대해 자연을 느끼는 것은 물론 인간의 경이로움까지 불러일으킬 것입니다. 디즈니랜드는 이상과 꿈, 그리고 믿기 어려운 사실들에 기초를 두어 가장 미국적인 것을 창조해냈습니다.

이러한 꿈과 사실을 연출하기 위해 디즈니랜드는 유일무

이한 설비를 갖추게 될 것이고, 또한 그 꿈과 사실은 용기와 영감의 원천으로 온 세상에 비춰질 것입니다.

디즈니랜드는 박람회, 전시회, 놀이동산, 커뮤니티센터, 생생한 현장을 보여주는 박물관, 그리고 아름다움과 마법의 명승지가 될 것입니다. 그곳은 성취와 기쁨, 우리가 살고 있는 세상에 대한 희망으로 채워질 것입니다. 그리고 우리 생애에서 그러한 경이로움을 어떻게 만들어낼 수 있는가를 되돌아보게 할 것입니다."

모든 원대한 업적 뒤에는 원대한 몽상夢想이 존재합니다. 세상을 변화시키는 힘은 꿈을 현실화시키는 것에 있지만, 그보다 중요한 것은 꿈을 갖는 것이 먼저라는 사실입니다. 물론 몽상이나 몽상가夢想家라는 말은 부정적인 의미를 담고 있지요. 또한 몽상가와 꿈을 가진 사람은 차이가 있습니다. 몽상가는 말은 많으면서 진실로 실행하는 것은 없지만, 꿈을 가진 사람은 적게 말하지만 많이 실행하는 차이라고 할 수 있겠습니다. 그러나 둘 사이의 차이를 초월해서 가장 중요한 점은 '꿈을 꾸고 있다'는 사실 자체입니다. 그것이 실현 가능한 것인지 허무맹랑한 것인지를 떠나서 꿈을 꾸는 것이 먼저지요. 꿈이 없다면 우리의 미래는 진정한 '미래未來'가 아니라 어제의 연속이고 오늘의 연장일 뿐이니까요.

리더의 위치에 있는 사람은 누구나 지나온 수십 년을 뒤돌아보면 많은 일이 자신이 꿈꾸었던 대로 이루어졌다는 것을 느낀다고 합니다. 다만 현실적이지 못하다고 비난받은 꿈들은 그것을 이루는 데 오랜 시간이 걸렸을 뿐이지요. 그래서 저는 결국 조직이란 그 리더가 꿈꾸는 만큼 성장하고, 그 방향으로 키워진다고 생각하게 되었습니다. 비록 이상주의자라는 소리를 들을지라도, 꿈이 있는 리더야말로 조직을 성장시킬 수 있습니다.

리더는 밤에 꿈을 꾸는 사람이 아니라 낮에 꿈을 꾸는 사람이 되어야 합니다. 앞으로 각 분야에서 리더의 위치에 서게 될 젊은이라면 이 말을 좌우명처럼 새겨야 할 것입니다.

리더를 꿈꾸는 젊은이에게

세상에서 가장 나쁜 것은

힘들게 사는 것이 아니라 희망 없이 사는 것입니다.

꿈은 이루어집니다. 그러나 꿈은

꼭 이루고자하는 사람에 의해서만 이루어집니다.

꿈은 이루어지기 전까지 사람을 가혹하게 다룹니다.

37

내가 부러워하는 리더 두 사람

얼마 전 영국 버진 그룹Virgin Group의 리처드 브랜슨Richard Branson 회장이 우리나라를 방문했습니다. 한 경제신문사에서 기획한 세계지식포럼의 연사로 초청받았기 때문입니다. '세계에서 가장 창의적인 리더', '창조경영의 아이콘'으로 불리는 그가 한국에 왔다는 신문기사를 보면서 눈이 번쩍 뜨였습니다. 그는 제가 부러워하는 리더였기 때문입니다.

철부지 어린 시절, 리처드 브랜슨은 아버지의 서랍에서 50펜스를 몰래 꺼냈다고 합니다. 난생 처음 하는 도둑질이었던 거죠. 그때 그의 머릿속에는 길거리에 진열되어 있는 사탕들이 떠올랐습니다. '이러면 안 된다'고 생각하면서도 달콤한 사탕의 유혹을 거부하기 힘들었던 거죠. 그는 가게로 향했습니다. 숨도 고르기 전에 사탕을 집어 들고 돈을 내밀었습니다. 미심쩍은 눈으로 어린 브랜슨을 쳐다보던 주인은 그의 아버지에게 전화를 걸었습니다. 브랜슨은 안절부절 못했습니다. 아버지에게 혼날까봐 겁이 났던 거죠. 하지만 아버지는 자신이 그 돈을 주었다며 아들을 감싸주었습니다. 브랜슨은 잘못을 뉘우치고 다시는 아버지를 실망시키지 않겠다고 다짐했습니다. 그는 꾸중 받을 것을 알면서도 기쁜 마음으로 집으로 달려갔습니다.

대개의 부모라면 아마도 자식을 크게 나무라고 벌을 주었을 겁니다. 그렇지만 브랜슨의 아버지는 자식의 잘못을 당장 꾸짖기보다 아이에게 스스로 뉘우칠 기회를 주었습니다. 아버지의 그런 모습이 어린 브랜슨에게 강한 인상으로 남았고, 그의 인생 전체에 큰 영향을 주었습니다. 훗날 브랜슨은 세계적인 CEO가 되었고 "누구든 실수가 있을 때 재기의 기회를 주는 리더가 되자"라는 자신의 철학을 완성하고 또 실천하려고 애썼습니다.

자신이 아끼고 믿었던 사람이 자신의 기대에 어긋나는 행동을 하면 배신감이 들고 화가 나는 것은 인간의 당연한 마음입니다. 잘못을 저지른 사람을 용서하고 한 번 더 기회를 주기란 쉽지 않은 일이죠. 앞에서는 용서하는 척하면서도 은연중에 비아냥거리거나 인격적인 모독을 가하는 리더들도 있습니다. 하지만 진정한 리더라면 리처드 브랜슨과 같은 마음가짐을 가져야 합니다. 그리고 그게 쉽지 않은 일이라는 것을 잘 알기에 저는 그가 부럽습니다.

비슷한 사례는 몇 해 전 재미있게 본 영화 〈코치 카터〉에도 등장합니다. 켄 카터는 모교인 리치몬드 고등학교의 농구부 코치로 부임합니다. 리치몬드 학교는 흔히 말하는 문제아들이 모인 학교였습니다. 농구부 역시 그저 공부하기 싫은 아이들의 모임에 불과했고, 반항심 가득한 아이들은 카터를 따르지 않았습니다.

보통 사람 같으면 여기서 포기했겠지만 카터는 달랐어요. 아이들에게 농구 기술을 가르치기보다는 그가 아이들을 진심으로 걱정하고 사랑한다는 걸 느끼게 만들었죠. 아이들은 농구 실력을 떠나서 이대로 졸업하게 되면 사회에 적응하지 못할 것이 분명했습니다.

카터는 그런 아이들에게 농구를 통해 성실한 생활습관을 가르치고, 미래를 설계할 수 있도록 이끌어주었습니다. 학교 수업도 빠지지 않도록 가르쳤지요. 자신을 단지 관리자로만 생각했다면 정해진 시간에 농구 연습만 시켰어도 그만이었겠지만, 그는 아이들의 인생에 깊은 관심과 애정을 갖고 있었습니다. 그랬기 때문에 그는 단순한 관리자를 넘어 아이들을 아름다운 미래로 이끌어주는 진정한 리더가 될 수 있었어요. 저는 영화를 보는 내내 카터와 같은 리더가 되고 싶다는 생각에 그가 많이 부러웠습니다.

이해관계가 얽힌 상황에서 상대방의 허물까지 감싸주기란 쉽지 않습니다. 바닥에 떨어진 만 원짜리를 줍느라 남의 손을 밟는 것은 생각도 못하는 경우가 대부분이죠. 저는 리처드 브랜슨이나 카터와 같은 리더십을 부러워만 할 뿐 아직 거기까지 이르진 못했습니다. 그러나 "부러워하면 닮는다"는 말이 있기에, 저는 앞으로도 열심히 부러워할 생각입니다.

38

'배우는 방법'을 배워야 한다

세계적인 첼리스트인 피아티고르스키Gregor Piatigorsky가 유명해지기 전 생애 첫 연주회 무대에 올랐을 때의 일입니다. 관객에게 인사를 하고 공연을 시작하려는 찰나, 관객석 맨 앞자리에 당대 최고의 첼리스트인 파블로 카잘스Pablo Casals가 앉아 있는 것이 보였습니다. 피아티고르스키는 연주 내내 부담감에 휩싸여 연주를 할 수밖에 없었지요.

연주가 끝나자 카잘스는 자리를 박차고 일어나 아낌없이 박수를 쳤습니다. 피아티고르스키는 카잘스의 행동이 자신을 비웃는 것이라 생각하고 도망치듯이 연주장을 빠져나왔습니다. 그리고 피나는 연습 끝에 세계적인 첼리스트의 명성을 얻게 되었습니다.

그 후 피아티고르스키는 한 음악가 모임에서 카잘스를 다시 만났습니다. 그는 이제 카잘스와 동등한 위치에서 그날의 일에 대해 물었습니다.

"그때 내 연주가 엉망이었을 텐데 왜 그렇게 박수를 쳤죠?"

돌아온 대답은 의외로 간단했습니다.

"당신은 그때 내가 오랫동안 고민해오던 부분을 훌륭히 연주해냈습니다. 당신의 연주가 엉망이었다 해도 그 부분의 연주 방법 한 가지는 배웠으니 어떻게 기립박수를 치지 않을 수 있겠습니까?"

카잘스는 현존하는 세계 최고의 첼리스트였지만 결코 자만하지 않았습니다. 까마득한 후배 연주자로부터도 무언가를 배울 수 있는 겸손함과 열린 마음이 그를 거장의 반열에 올린 것입니다.

자신이 일인자라고 해서 남에게 배우는 것을 부끄러워하거나, 더 이상 배울 필요가 없다고 자만해서는 안 됩니다. 정상에 있더라도 늘 누구에게나 배울 수 있다는 자세를 가져야만 진정으로 최고라는 인정을 받을 수 있습니다.

배움에 열린 사람이 되려면 다음 세 가지를 명심해야 합니다.

첫째, 겸손해야 합니다. 이미 아는 일이라도 다시 배우려는 자세를 취할 줄 알아야 합니다. 어느 회사에 고위 간부인 A와 B가 있습니다. 이 둘은 최근 고위 간부도 배워야만 성공한다는 생각에 많은 교육기관을 찾아다니며 여러 가지를 배우는데 시간을 보내고 있었습니다. 하지만 같은 교육을 받으면서 두 사람의 생각은 전혀 달랐습니다.

A는 배우면서 점점 불만이 생겼습니다. 여러 곳을 다녀봤지만 대부분 들어본 이야기이고, 아는 것이 대다수여서 배울 점이 없다는 것입니다. 반면에 B는 비슷한 말이라도 다시 들으면서 어렴풋이 알던 것을 확실히 이해할 수 있어서 좋았고, 배움의 중요성을 더욱 깨달았습니다.

우리 주변에는 이 두 유형으로 대비되는 사람이 너무나 많습니다. 아는 것이라고 배울 기회를 마다하기보다는, 자신이 아는 내용 중 부족하거나 다른 부분은 없는가를 생각해보며 다시 한 번 아는 것을 체득화하는 것이 '더 잘 배우는' 방법이 될 수 있습니다.

둘째, 적극적인 자세입니다. '배우다'라는 말이 '~로부터 ~을 배우다'라는 문법 구조를 필요로 하기 때문에 자칫 배우는 것을 수동적으로 생각하기 쉽습니다. 그래서 흔히 가르쳐주는 사람이 없어서, 혹은 배울 여건이 되지 않아서라는 핑계를 대기도 합니다. 그럴 때는 '배우다'는 말을 '찾아 배우다'라는 말로 바꿔서 생각하십시오. 배우는 것도 찾아서 배워야 합니다.

오늘날은 여러 가지 분야의 교육 기관이 산재해 있고 접근할 수 있는 정보의 양도 무한대로 커졌습니다. 이것을 자신이 적극적으로 찾아서 배우고자 마음먹는다면 얼마든지 평생 배울 거리에 부족함을 느끼지 않을 수 있습니다. 또한 '찾아 배우다'라는 생각을 가지고 적극적으로 배울 것을 찾게 되면 배움의 대상도 넓힐 수 있습니다. 단순히 유능한 타인으로부터 배우는 것이 아니므로 자기 자신으로부터도 배울 수 있고, 실패를 통해서도 배울 수 있습니다.

셋째, 모르는 것을 부끄러워하지 마십시오. 앞의 두 가지 자세를 가지고 있더라도 사람들이 쉽게 배움에 마음을 열지 못하는 까닭은 부끄러움 때문입니다. 특히, 가진 능력이나 지식이 풍부한 사람일수록 자신이 모르고 부족하다는 것을 인정하는 것이 쉽지 않습니다. 하지만 모른다는 것을 인정해야만 배울 수 있습니다.

오늘날과 같이 지식과 정보가 무한한 사회에서 아무리 잘난 사람이라도 아는 것보다 모르는 것이 더욱 많은 것은 당연한 일입니다. 평소에 수천 권의 양서를 읽고 10년 동안 매일 신문을 본 학자도 있고, 어느 날 동냥을 하다 누군가 던져준 책 한 권을 읽게 된 거지도 있습니다. 하지만 수십 년 만에 읽게 된 책에서 얻은 거지의 지식은 유능한 학자도 모르고 있던 것일 수 있습니다. 그만큼 오늘날 우리가 얻을 수 있는 지식에는 한계가 없습니다.

자신의 짧은 지식에 오만해져서 "모른다"는 말을 하지 못하고 둘러대다가 자신보다 한참 모자라다고 생각했던 사람에게 창피를 당하는 일이 비일비재합니다. 그러나 모르는 것을 부끄럽게 생각하지 않고 배움을 자청한다면 더 큰 창피를 피하고 무한한 배움을 얻을 수 있습니다.

앨빈 토플러Alvin Toffler는 이런 말을 했습니다.

"미래의 학교는 단순한 지식만이 아니라 그것을 조작하는 방법까지 가르쳐야 한다. 학생들은 낡은 생각을 버리고, 언제 그것을 바꿀 것인가를 배워야 한다. 말하자면 '배우는 방법을 배워야' 한다. 미래의 문맹자는 읽지 못하는 사람이 아니라 배우는 방법을 모르는 자다."

제가 리더십에 관해 연구하면서 알게 된 사실이 있습니다. 성공한 사람들의 특징은 지속적으로 학습을 한다는 점이었습니다. 학벌이 좋고 나쁘고의 문제가 아니었습니다. '저 사람은 공부를 그만해도 될 텐데'라고 생각되는 사람은 계속해서 배움의 끈을 놓지 않았고, 거꾸로 '저 사람은 공부를 더 해야 할 텐데' 하고 생각되는 사람은 배우는 데 별 관심이 없었습니다. 여러분은 어떤 유형입니까? 좀 더 시간이 흘렀을 때 이 두 사람의 간격이 더욱 벌어지는 것은 당연하겠죠.

누구나 자신의 인생에서 성공을 꿈꿉니다. 그러나 모두가 그 꿈을 이루는 것은 아닙니다. 반드시 성공하는 사람과 그렇지 못한 사람이 구분되지요. 저는 성공하지 못한 사람의 공통점은 앨빈 토플러의 말처럼 '배우는 방법을 배우지 못한 사람'임을 알게 되었습니다.

여러분이 지금 학교에 있든, 가정에 있든, 사회에 있든, 혹은 군대에 있든 미래에 더 나은 자신의 모습을 꿈꾸고 있다면 이 순간 '배우는 방법'을 배우기 위해 관심과 열정을 쏟으시기 바랍니다. 성공으로 가는 열쇠가 거기에 있답니다.

에필로그

나무의 뿌리 같은 리더가 돼라

'어떤 삶을 살아갈 것인가?'

인생을 살다 보면 이런 의문에 휩싸일 때가 있습니다. 내가 가는 길이 올바른 길인지, 지금 내리는 선택이 잘못된 것은 아닌지, 혹시 열심히 뛰어왔는데 막다른 길이 나오면 어떻게 해야 할지 자꾸만 스스로에게 되묻고 싶어집니다.

그때마다 우리를 붙잡고 흔들림 없이 나아갈 수 있도록 이끌어주는 것이 인생관입니다. 올바른 인생관을 가진 자는 인생의 크고 작은 풍랑 앞에서도 쉽게 흔들리지 않습니다. 아무리 비관적인 상황 앞에서도 삶에 대한 열정과 의지를 다질 수 있습니다.

리더로 살아가는 것도 마찬가지입니다. 각자에게 인생관이 필요하듯이 모든 리더에게는 올바른 리더관이 필요합니다.

'어떤 리더가 될 것인가?'

'바람직한 리더십이란 어떤 것인가?'

스스로에게 끊임없이 이런 질문을 던지며 고민하고, 그에 대한 생각을 정리해두어야 합니다. 그렇게 정리된 생각들이 쌓이고 쌓여 여러분의 삶에 깊이 뿌리 내릴 때, 여러분은 어떤 어려움 앞에서도 흔들리지 않는 리더가 될 것입니다. 세찬 비바람이 몰아쳐도 쉽게 흔들리지 않는 뿌리 깊은 나무처럼 말이에요.

이때, 한 가지만 기억해주세요. '나무의 뿌리' 같은 리더가 되려면 먼저 개인의 훌륭한 '인성'을 갖춰야 합니다. 아마도 이는 동서고금을 초월한 불변의 진리라고 생각합니다. 인간관계가 원만하면 모든 인생사가 원만하게 풀린다고 하죠? 뜻밖의

운과 성공에 이르는 거의 모든 기회는 바로 인간관계에서 만들어지니까요.

그런데 이 인간관계의 열쇠를 쥐고 있는 것이 바로 '품성'입니다. 품성을 제대로 갖춘 리더에게는 당연히 사람들이 따릅니다. 누구나 그를 신뢰하고 존경하게 되죠. 사람들은 그런 리더를 자신의 롤모델로 삼습니다. 성공적인 리더가 되기를 희망하는 사람들이라면 이 말을 꼭 기억해주세요.

"제대로 된 리더만이 제대로 된 부하들을 얻을 수 있다."

책을 집필하면서, 제가 경험한 사례들뿐만 아니라 각종 매체를 통해 수집한 자료들을 딱딱하지 않게, '군인스럽지' 않게 풀어내고자 노력했습니다. 대학생들에게만 필요한 것이 아니라 리더가 되고자 하는 모든 젊은이들에게 작은 도움이나마 될 수 있다면 이 책은 소기의 목적을 달성한 셈입니다.

끝으로 '끊임없이 자기발전을 추구하라'는 당부로 이 책을 마감하고 싶습니다. 이것은 저 자신을 위한 다짐이기도 합니다. 제게는 이 책의 집필이 인생의 정리가 아닌 새로운 시작을 의미합니다.

저는 아직도 가야 할 길이 멀다는 점을 새삼 실감했습니다. 이 책의 내용을 앞으로의 삶에 나침반으로 삼아 끊임없이 정진해나갈 것을 독자 여러분께 약속드립니다.